思想的・睿智的・獨見的

經典名著文庫

學術評議

丘為君　吳惠林　宋鎮照　林玉体　邱燮友
洪漢鼎　孫效智　秦夢群　高明士　高宣揚
張光宇　張炳陽　陳秀蓉　陳思賢　陳清秀
陳鼓應　曾永義　黃光國　黃光雄　黃昆輝
黃政傑　楊維哲　葉海煙　葉國良　廖達琪
劉滄龍　黎建球　盧美貴　薛化元　謝宗林
簡成熙　顏厥安（以姓氏筆畫排序）

策劃　楊榮川

五南圖書出版公司 印行

經典名著文庫

學術評議者簡介（依姓氏筆畫排序）

- 丘為君　美國俄亥俄州立大學歷史研究所博士
- 吳惠林　美國芝加哥大學經濟系訪問研究、臺灣大學經濟系博士
- 宋鎮照　美國佛羅里達大學社會學博士
- 林玉体　美國愛荷華大學哲學博士
- 邱燮友　國立臺灣師範大學國文研究所文學碩士
- 洪漢鼎　德國杜塞爾多夫大學榮譽博士
- 孫效智　德國慕尼黑哲學院哲學博士
- 秦夢群　美國麥迪遜威斯康辛大學博士
- 高明士　日本東京大學歷史學博士
- 高宣揚　巴黎第一大學哲學系博士
- 張光宇　美國加州大學柏克萊校區語言學博士
- 張炳陽　國立臺灣大學哲學研究所博士
- 陳秀蓉　國立臺灣大學理學院心理學研究所臨床心理學組博士
- 陳思賢　美國約翰霍普金斯大學政治學博士
- 陳清秀　美國喬治城大學訪問研究、臺灣大學法學博士
- 陳鼓應　國立臺灣大學哲學研究所
- 曾永義　國家文學博士、中央研究院院士
- 黃光國　美國夏威夷大學社會心理學博士
- 黃光雄　國家教育學博士
- 黃昆輝　美國北科羅拉多州立大學博士
- 黃政傑　美國麥迪遜威斯康辛大學博士
- 楊維哲　美國普林斯頓大學數學博士
- 葉海煙　私立輔仁大學哲學研究所博士
- 葉國良　國立臺灣大學中文所博士
- 廖達琪　美國密西根大學政治學博士
- 劉滄龍　德國柏林洪堡大學哲學博士
- 黎建球　私立輔仁大學哲學研究所博士
- 盧美貴　國立臺灣師範大學教育學博士
- 薛化元　國立臺灣大學歷史學系博士
- 謝宗林　美國聖路易華盛頓大學經濟研究所博士候選人
- 簡成熙　國立高雄師範大學教育研究所博士
- 顏厥安　德國慕尼黑大學法學博士

經典名著文庫040

邏輯學講義

康德（Immanuel Kant） 著

李秋零 譯注

經典永恆・名著常在

五十週年的獻禮・「經典名著文庫」出版緣起

總策劃

五南，五十年了。半個世紀，人生旅程的一大半，我們走過來了。不敢說有多大成就，至少沒有凋零。

五南忝爲學術出版的一員，在大專教材、學術專著、知識讀本出版已逾壹萬參仟種之後，面對著當今圖書界媚俗的追逐、淺碟化的內容以及碎片化的資訊圖景當中，我們思索著：邁向百年的未來歷程裡，我們能爲知識界、文化學術界做些什麼？在速食文化的生態下，有什麼值得讓人雋永品味的？

歷代經典・當今名著，經過時間的洗禮，千錘百鍊，流傳至今，光芒耀人；不僅使我們能領悟前人的智慧，同時也增深加廣我們思考的深度與視野。十九世紀唯意志論開創者叔本華，在其〈論閱讀和書籍〉文中指出：「對任何時代所謂的暢銷書要持謹慎的態度。」他覺得讀書應該精挑細選，把時間用來閱讀那些「古今中外的偉大人物的著作」，閱讀那些「站在人類之巔的著作及享受不朽聲譽的人們的作品」。閱讀就要「讀原著」，是他的體悟。他甚至認爲，閱讀經典原著，勝過於親炙教誨。他說：

「一個人的著作是這個人的思想菁華。所以，儘管一個人具有偉大的思想能力，但閱讀這個人的著作總會比與這個人的交往獲得更多的內容。就最重要的方面而言，閱讀這些著作的確可以取代，甚至遠遠超過與這個人的近身交往。」

爲什麼？原因正在於這些著作正是他思想的完整呈現，是他所有的思考、研究和學習的結果；而與這個人的交往卻是片斷的、支離的、隨機的。何況，想與之交談，如今時空，只能徒呼負負，空留神往而已。

三十歲就當芝加哥大學校長、四十六歲榮任名譽校長的赫欽斯（Robert M. Hutchins, 1899-1977），是力倡人文教育的大師。「教育要教眞理」，是其名言，強調「經典就是人文教育最佳的方式」。他認爲：

「西方學術思想傳遞下來的永恆學識，即那些不因時代變遷而有所減損其價值的古代經典及現代名著，乃是眞正的文化菁華所在。」

這些經典在一定程度上代表西方文明發展的軌跡，故而他爲大學擬訂了從柏拉圖的《理想國》，以至愛因斯坦的《相對論》，構成著名的「大學百本經典名著課程」。成爲大學通識教育課程的典範。

歷代經典．當今名著，超越了時空，價值永恆。五南跟業界一樣，過去已偶有引進，但都未系統化的完整舖陳。我們決心投入巨資，有計畫的系統梳選，成立「經典名著文庫」，希望收入古今中外思想性的、充滿睿智與獨見的經典、名著，包括：

- 歷經千百年的時間洗禮，依然耀明的著作。遠溯二千三百年前，亞里斯多德的《尼各馬科倫理學》、柏拉圖的《理想國》，還有奧古斯丁的《懺悔錄》。
- 聲震寰宇、澤流遐裔的著作。西方哲學不用說，東方哲學中，我國的孔孟、老莊哲學，古印度毗耶娑（Vyāsa）的《薄伽梵歌》、日本鈴木大拙的《禪與心理分析》，都不缺漏。
- 成就一家之言，獨領風騷之名著。諸如伽森狄（Pierre Gassendi）與笛卡兒論戰的《對笛卡兒沉思錄的詰難》、達爾文（Darwin）的《物種起源》、米塞斯（Mises）的《人的行爲》，以至當今印度獲得諾貝爾經濟學獎阿馬蒂亞．

森（Amartya Sen）的《貧困與饑荒》，及法國當代的哲學家及漢學家余蓮（François Jullien）的《功效論》。

梳選的書目已超過七百種，初期計劃首爲三百種。先從思想性的經典開始，漸次及於專業性的論著。「江山代有才人出，各領風騷數百年」，這是一項理想性的、永續性的巨大出版工程。不在意讀者的眾寡，只考慮它的學術價值，力求完整展現先哲思想的軌跡。雖然不符合商業經營模式的考量，但只要能爲知識界開啓一片智慧之窗，營造一座百花綻放的世界文明公園，任君遨遊、取菁吸蜜、嘉惠學子，於願足矣！

最後，要感謝學界的支持與熱心參與。擔任「學術評議」的專家，義務的提供建言；各書「導讀」的撰寫者，不計代價地導引讀者進入堂奧；而著譯者日以繼夜，伏案疾書，更是辛苦，感謝你們。也期待熱心文化傳承的智者參與耕耘，共同經營這座「世界文明公園」。如能得到廣大讀者的共鳴與滋潤，那麼經典永恆，名著常在。就不是夢想了！

二〇一七年八月一日 於

五南圖書出版公司

導讀

中國文化大學哲學系兼任助理教授 黃柏誠

依康德所言，感性是直觀的能力，知性是概念和判斷的能力，理性是推論的能力。後兩者之統合則統括爲思維能力。直觀能力是感性藉其形式收攝感性材料的能力，判斷能力是依規則連接「表象」（Vorstellungen）（概念）的能力或「把表象置於規則之下的能力」①，理性推論是「從一個判斷推出另一個判斷的思維能力」②。判斷必須具備概念和形式或規則，知性根據概念和規則行使判斷。知性既是概念和規則的根源，也能自我發掘據以思維的概念和規則。知性的規則是普遍和必然的，無法不根據規則構作判斷。規則是先驗的，亦即先於經驗而作用於經驗；它是形式的，不涉及思維的質料。

有別於《純粹理性批判》的「先驗邏輯」（die transzendentale Logik），知性所把握到的思維規則即是「一般邏輯」（die allgemeine Logik）③，其內容即爲康德《邏輯學》

---

① P.002。
② P.132。
③ P.006。

所涉及的範圍。即便「一般邏輯學」涉及思想規則或形式，然而若無「純粹概念」（例如質、量、關係、狀態等四組範疇）④作爲成分，則規則無法被描述。所以，嚴格來說，邏輯規則尚非純粹形式，而是包含著內容（亦即純粹概念）的形式。如果我們把純粹概念當作獨立的研究對象來考察，那這門科學便不是「一般邏輯學」而是「先驗邏輯學」。「一般邏輯學」主要分爲「分析論」（Analytik）和「辯證論」（Dialektik）。「先驗邏輯學」也分爲「先驗分析論」（die transzendentale Analytik）和「先驗辯證論」（die transzendentale Dialektik）。「分析論」是「眞理的邏輯」，思想世界與存在世界皆依規則而運作。無規則的思想不可能是眞理，無邏輯的存在不可能是實在。「辯證論」是「假象的邏輯」（Logik des Scheins）⑤，思維規則的錯誤運用會造成推論的錯誤。「分析論」談論談規則本身，「辯證論」談論推論的謬誤。爲從較宏觀的視野捕捉其內容和定位，本文將以三項主題作爲途徑來把握「一般邏輯學」：一、康德《邏輯學》的基本立場；二、「一般邏

---

④ 質：實在（Realität）、否定（Negation）、限制（Limitation）；量：單一（Einheit）、數多（Vielheit）、全體（Allheit）；關係：實體—屬性（Subsistenz-Inhärenz）、原因—結果（Kausalität-Dependenz）、交互性（Gemeinschaft）；狀態：可能性—不可能性（Möglichkeit-Unmöglichkeit）、實存—非存在（Dasein-Nichtsein）、必然性—偶然性（Notwendigkeit-Zufälligkeit）。

⑤ P.008。

輯學」與《純粹理性批判》之「先驗邏輯學」的關係；三、康德的「一般」和「先驗邏輯學」與作爲批判者的黑格爾「邏輯學」之比較。

一、康德《邏輯學》的基本立場

康德的「邏輯學」沿襲亞里斯多德的《分析篇》，後者將邏輯學分爲「分析論」和「辯證論」。

分析論談論眞理的邏輯。知識首先在邏輯上必須是可能的，如果稱一項判斷是可能的，則是「或然判斷」，其成立前提是判斷須不自相矛盾，亦即不能違反矛盾律和同一律。其次，如果某種判斷在邏輯上是現實的，此即「實然判斷」。所謂實然判斷即判斷必須是有根據的，亦即須根據「充足理由律」。一項判斷若沒有根據，則是非現實的，判斷所言是「不存在」的。

第三，知識在邏輯上若是必然的，則是「必然判斷」。根據康德所言，其形式上必須符合排中律，亦即某一判斷若爲眞，其反面於此同時必爲假⑥。上述的分類成爲知識的「完善性」在等級上的區分依據。

---

⑥ P.051。

康德定義「意見」屬於或然判斷層次，「信念」屬於實然判斷層次，「眞知」屬於必然判斷層次。意見只要不違反矛盾律便能成立。信念必須有所根據才能成立，然由於所根據的理由隨個人的立場而異，因此信念是主觀的，而非客觀的判斷。

眞知則是客觀有效的，必須要有絕對客觀的根據，不能建立在主觀相對的根據之上。眞知在形式上須包含上述定理，亦即符合「形式的眞理標準」，然而這些定理和規則從何而來本身便是値得反思的。除了必須滿足眞理的形式條件，知識還包含內容。內容即概念，概念是眞知的主角。概念基本上分爲「經驗性的概念」和「純粹的概念」。「經驗性的概念」和「純粹的概念」的區分和起源涉及形上學的問題⑦。這些在一般邏輯學未做進一步討論的問題，留待康德《純粹理性批判》進行討論，並以「先驗邏輯學」爲論旨，我們不妨稱其爲「實質的眞理標準」。

---

⑦ P.097。

二、「一般邏輯學」與《純粹理性批判》之「先驗邏輯學」的關係

一般邏輯學的重點包括根據邏輯定理（如同一律、矛盾律、排中律以及充足理由律）所劃分的知識的「完善性」等級與「概念」的分類、判斷的種類和形式以及根據判斷所衍生的推論規則和有效的推論。然而邏輯定理和判斷的種類和形式的根據爲何，本身是形上學的問題。如果判斷是眞知，那麼除了必須符合「不自相矛盾」、「有所理據」、「若眞則不同時爲假」的形式條件外，重點必須符合「實在」（Realität）。眞知不僅描述了「對象」，同時也有效地描述了「實在」。對「實在」的把握是否有其界限？知識的有效性範圍爲何？此爲康德在提問上的創見。

判斷必須符合「實在」才是眞知。依康德之見，在「判斷形式」中所蘊涵的「純粹概念」和「概念關係」具有先驗必然性。康德稱純粹概念爲「先驗範疇」，「概念關係」爲必然的「因果關係」。範疇是經驗概念的先驗條件，因果關係是客觀世界的規則，兩者皆出自知性本身，來自認識主體而非外在世界。亦即形式概念和客觀世界的規則是主體爲外界所做的「規定」（Bestimmung）。客觀世界因概念而被理解，亦因規則而產生秩序，可理解性與秩序皆非偶然之物，並非由外界反映給所謂的空白認識主體的偶然之物，而是知性主動提供給外在世界的存在和認識之先驗必然條件。上述是先驗邏輯中「先驗分析論」所談論的題旨。客觀世界除了接受知性提供的先驗條件外，還接受感性提供的先驗形

式條件，此即空間和時間。空間和時間亦非外在世界反映在空白主體上的存在物，而是感性爲客觀世界所提供的先驗必然的存在和認識之框架。此爲康德「先驗感性論」（die transzendentale Ästhetik）的論旨。眞知的判斷形式即「先驗綜合判斷」（Synthetisches Urteil a priori），在此判斷下的知識具備客觀必然性，亦即它是根據知性提供的先驗必然的因果關係伴隨感性的空間或時間關係所構成的知識，例如自然科學和數學。因此，在時空範圍外的存在便是眞知無法企及的對象。知性對靈魂和上帝之存在性的判斷缺乏感性經驗作爲根據，靈魂及上帝存在的論斷因此是無效的知識。同時，依康德之見，「先驗綜合判斷」之間運用因果性所構成的連結（推論），當其越過任何限定的經驗範圍而追問世界第一因或世界內部的組成時，必然會形成「二律背反」（Antinomie），也就是存在著「第一因」與「無限後退」以及「不可分割性」與「無限可分割性」兩相背反的有效推論。此外，尚包含自由因與決定論、必然存有與偶然存有何者爲世界本質的背反。上述是先驗邏輯學之「先驗辯證論」的要旨。針對根源問題進行推論所造成的背反論斷僅能達到信念之知，而非眞理之知。這是探尋超越感性時空條件的存在以及基於「先驗綜合判斷」所進行的無限推論所形成的形上學之假相之知。

康德《邏輯學》及《純粹理性批判》皆提出四項追問：

1.「我能夠知道什麼？」；2.「我應當做什麼？」；3.「我可以希望什麼？」；4.「人

是什麼？」其分別作爲形上學、倫理學、宗教學以及人類學的必要問題被提出。[8]在「我能夠知道什麼？」中，透過「先驗分析論」和「先驗辯證論」的解析，康德回答了：1.人類知識的泉源。2.一切知識之可能和有效的應用範圍。3.理性的界限。第三項尤爲康德的創見，康德稱「此爲最必要也是最困難的部分，然愛好意見者對此漠不關心」。[9]

三、康德的「一般」和「先驗邏輯學」與黑格爾「邏輯學」之比較

在一般邏輯和先驗邏輯中，康德透過分析方法將諸多對立和矛盾的概念和論斷先進行分解，再試圖對其進行綜合。因此不僅有感性和知性、直觀和概念的區分和綜合，也有先驗和經驗、形式與質料的區分和綜合。對於區分和綜合，黑格爾開展出有別於康德的詮釋，此即所謂的辯證邏輯或思辨哲學。在辯證邏輯中存在辯證的與非辯證的元素。感性和知性、直觀和概念爲非辯證的元素。黑格爾不將其看成分立的存在根源和認識條件，而是接受斯賓諾莎－萊布尼茲的思路將兩者視爲絕對者的兩種「表現方式」（Darstellungsweise）。辯

---

⑧ P.018。

⑨ P.019。

證的元素則存在於表現方式之內，亦即概念（或思想）內部或直觀（或擴延）內部。在概念中有先驗與經驗、形式與質料的對立與矛盾，在直觀中亦同。這樣的觀點某方面並不與康德相違。與康德有別之處，在於黑格爾認爲先驗與經驗，或形式與質料，其分立性不可能是先在的，兩者再「合組」（zusammensetzen）爲一。換言之，就眞相而言，不可能有抽離經驗的先驗之物，也不可能有抽離質料的純粹形式，即便有，也無法在任何「被規定」（bestimmt）的概念下被設想。康德意義下的範疇在黑格爾這裡不是能抽離於經驗概念的先驗概念，而是事物自身透過概念所表現的本質規定，每組範疇中的前兩項對立概念即是事物所開顯的本質規定，而第三項作爲前兩項的統一，並非前兩項之綜合，而是事物在己—爲己的本質規定。黑格爾肯定康德的範疇表，唯康德無法正確解釋每組之第三項範疇的意義。

康德所謂的「實在」、「否定」與「限制」被黑格爾轉譯爲「有」、「無」、「變」或「有」、「無」、「絕對」。誠然「有」與「無」是在「絕對」的概念下才能被把握。上帝作爲絕對者，不會存在於時空之外，而是在自身中包含一切存有乃至虛無。「二律背反」並非超出限定經驗範圍去運用因果範疇進行推論的結果，而是作爲「眞無限性」（die wahre Unendlichkeit）的絕對者自我表現爲無限性和有限性之矛盾；作爲全體性，表現爲一與多之矛盾；作爲交互性，表現爲第一因（實體性）與無限因果鏈之矛盾的結果。矛盾者之間在概念上不僅相互蘊涵，也能相互轉化。因此康德意義下運用「可能性」（Möglichkeit）範疇所產生的「或然判斷」在黑格爾這裡不再是不違反矛盾律的判斷，亦即沒有所謂因矛盾而不可能的事態，即便違反矛盾律，也是可能的事態。其次，根據「實存」（Dasein）範疇所設定「實然判斷」在二律背反中不僅每一方都各自找到的充足理由，且由於矛盾是絕對者的本質規定，因此不會因矛盾而使任何一方的論斷停留於二者擇一的「信念」層次，或因矛盾律而淪為不可知論，而是信念將被「止揚」（aufheben）於眞知之中。最後，運用「必然性」（Notwendigkeit）範疇所進行「必然判斷」不是「眞知同時不爲假」或「眞知的反面不可能同時爲眞」的判斷形式，而是眞理自身必然顯現爲矛盾的論斷，任何一方皆既爲眞，亦同時爲假，不受排中律所拘束，矛盾者的統一才是絕對的眞知。

前言

哥尼斯貝格大學哲學博士和私人講師
奧得河畔的法蘭克福學會會員
戈特勞布·本亞明·耶舍

自康德委託我整理出版他在公開講課時為聽眾講授的邏輯學，並以簡明手冊的形式將它交付公眾以來，已經一年有半。為此目的，我從他那裡得到了他自己在講課時使用的手稿，他對我表示了特別的、令人榮幸的信任，即我熟知他的體系的一般原則，在這裡也容易進入他的思路，不致歪曲或者篡改他的思想，而以必要的清晰和明確，同時在恰如其分的秩序中把它展示出來。既然我接受了這一榮幸的委託，並且試圖盡我之所能，按照這位值得讚譽的大師、我極為尊敬的老師和朋友的願望和期待去完成它，以這種方式，一切涉及講授、思想的表達和解釋、闡述和整理的東西，部分地應記在我的賬上，所以，我就當然也有責任就此向康德這一新著的讀者們作出一些解釋。因此，接下來是有關於這一點的一種說明，以及其他更詳細的說明。

自一七六五年以來，康德先生就不間斷地以作為入門書的邁耶爾教科書（格奧爾格·弗里德里希・邁耶爾的《理性學說》選輯，哈勒格鮑威爾出版社，一七五二年版）爲他的講課基礎。其理由，康德在一份由他爲預告自己一七六五年的講課而提供的提綱中說明過。他在講課時使用上述大綱的樣本，與他爲同樣目的使用的其他所有教科書一樣，是用空白紙夾釘的；無論是他的一般批註和說明，還是首先與個別章節中大綱文本相關的特殊批註和說明，有的寫在夾釘的空白紙上，有的寫在教科書裡的空邊上。而在散見的批註和說明中筆錄下來的東西，如今就一起構成了康德在此爲自己講課而編制的資料庫，而且他隨時或者以新的理念擴充它，或者就不同的個別材料而言，一再地重新修訂和改善它。因此，它至少包含著邁耶爾教科書的這位著名的注釋者，通常在其以自由風格講授的課上關於邏輯學講給他的聽眾，而且他認爲值得記下來的一切要旨。

至於這部著作的內容闡述和整理，我相信，如果我在整體的布局和劃分上都堅持這位偉人的明確聲明，便能最貼切地執行他的理念和原理；按照他的聲明，可以被納入眞正的邏輯學來探討的，尤其是納入邏輯學的要素論之中者，不外是關於思維的三種根本主要功能的理論：概念、判斷和推理。因此，一切僅僅探討一般而言的知識及其邏輯完善性、在邁耶爾的教科書中先行於概念的學說，幾乎占全書一半的東西，據此都必須歸還給導論。「之前」，康德在邁耶爾講授關於概念的學說的第八章一開始就說明，「先討論一般而言的知識，作爲邏輯學的入門，現在隨之而來的是邏輯學本身。」

因此，依照這種明確的指示，我把截至目前提到的那一章的所有東西都收入導論，出自這一理由，它獲得了比在其他邏輯學教科書中大得多的篇幅。其後果在這種情況下也就是，現在有理由被我們的近代邏輯學家歸入方法論領域的材料，例如關於證明的學說等諸如此類的東西，已經在導論中談論過了，作為本著的另一個部分的方法論就必然越是簡短。僅僅為了使內容更加完備，並把一切都置於恰如其分的位置上，就在本書中適當的地方再次提及這些材料，是一種既無必要也不恰當的重複。然而，就定義和概念的邏輯劃分的學說而言，我畢竟這樣做了，它在邁耶爾的大綱中屬於第八章，亦即屬於概念的要素論；康德也在講授時保持了這個次序。

此外，不言而喻的是，這位偉大的哲學改革家，而且就邏輯學的布局和外在形式而言，也特別是理論哲學的這個部分的改革家，會按照他在《純粹理性批判》中已經勾畫出其基本線條的建築草圖來修訂邏輯學，如果他喜歡，且如果他科學地為眞正的哲學，亦即眞實無妄和確定無疑的東西的哲學奠定基礎的事業，亦即唯有他首先並且唯有他，才能以他的獨創性來完成的這一更重要和更困難的事業，允許他考慮親自修訂一門邏輯學的話。然而，他完全可以把這項工作交給能夠以洞識和沒有成見的評判來利用他的建築理念，去眞正合乎目的地和井然有序地修訂和處理這門科學的人來做。這正是我們德國哲學家中許多縝密且無成見的思想家們所期待的。而且這種期待也沒有使康德和他的哲學朋友失望。就整體的布局和編排而言，許多較新的邏輯學教科書，都或多或少應當被視為關於康德邏輯學理念的果實。而且這門科學由此確實有所收益，它雖然既沒有更豐富，眞正說來，在內容上也沒有更堅實，或者就自身而言更有根據，但卻更純淨了，一方面清除了它的異質成分，另一方面清除了一些無用的細膩和純然的辯證遊戲，使它變得更為系統化，同時就方法的一切科學嚴格性而言，更為單純了：對此，每個人只要對邏輯學的獨有特性與合法界限具有正確的和清晰的概念，哪怕是把舊的邏輯學教科書與新的、按照康德的原理修訂的教科書浮光掠影地加以比較，都必然確信無疑。因爲儘管在這門科學的舊手冊中間，也有一些以方法中的科學嚴格性，以解釋中的清晰、明確和精確，以證明中的簡潔明瞭而出眾，但它們中間幾乎沒有一本，不是在其中僅僅入門的、獨斷論的和技巧的、純粹的和經驗性的東西在較寬泛的意義上屬於一般邏輯學的不同領域的界限如此互相滲透，互相交叉，以至於不能明確地把一種東西與另一種東西區別開來。

固然，雅各布先生在他的邏輯學的第一版前言中評論道：「沃爾夫傑出地把握了一般邏輯學的理念，而且如果這位偉人落腳於完全抽象地講授純粹邏輯學，他無疑會憑藉其有條理的頭腦爲我們提供一部傑作，它會使一切後來的這類工作變得無用。」但是，沃爾夫從未闡述這個理念，在他的後繼者之中，也沒有一個人闡述過這個理念，儘管除此之外，沃爾夫學派圍繞眞正邏輯的東西，即我們哲學知識中形式上的完善所建立的功績，一般來說是巨大的和有根基的。

且不說在透過純粹的和純然形式的邏輯學與經驗性的和實在的或者形而上學的命題的分離，來完善邏輯學的外部形式上還可能發生和必然發生的事情，如果對這門科學的內涵的評判和規定被視爲科學，那麼，康德關於這一點的判斷就是無庸置疑的。對此，他多次確定而且明確地聲明：邏輯學應當被視爲一門抽象、獨立存在並且在自身中有所根據的科學，因此它也自其誕生並由亞里斯多德首次完善以來，直到我們的時代，眞正說來在科學論證方面未能有任何收益。因此，依照這一斷言，康德既不想透過一個更高的原則來論證邏輯學的同一律和矛盾律，也不想演繹判斷的邏輯形式。他承認和探討矛盾律，是把它作爲一個在自身就具有自明性、不需要從一個更高的原理衍生的命題。只不過他限制了矛盾律的使用、有效性，因爲他把它從獨斷論試圖使之有效的形而上學領域逐出，並把它限制在純然邏輯的理性應用上，使其僅僅對於這種應用才有效。

但是，邏輯學的同一律和矛盾律自身是否確實，絕對不能且不需要進一步演繹，這當然是另一個問題，它導向具有多重涵義的問題：一般而言，一切知識和科學是否有一個絕對第一的原則？這樣一個原則是否可能且能否找到？

知識學相信在純粹的、絕對的自我中揭示了這樣一個原則，並且借此不僅在純然形式上，而且也在內容上完善地論證了全部哲學知識。而且透過預設這個絕對統一的和無條件的原則的可能性和無可爭議的有效性，知識學在不承認邏輯學的同一律和矛盾律，亦即命題A＝A和－A＝－A無條件地有效，而是聲稱它們是能夠並且必須透過知識學及其最高命題「我是」才得到證明和規定的從屬命題時，其探討也是完全一以貫之的（參見《知識學基礎》，第十三頁等）。以一種同樣一以貫之的方式，謝林在他的《先驗觀念論體系》中也聲明，反對把邏輯原理預設爲無條件的，亦即不能從一個更高原理衍生的原理，因爲邏輯學一般來說，只是透過對確定命題的抽象，而且如果它是以科學的方式產生，就只能透過對知識的最高原理的抽象來產生，所以已經以知識的這些最高原理以及隨之以知識學本身爲前提條件。但是，既然從另一方面來說，知識的這些最高原理作爲原理來看，同樣必然地已經以邏輯形式爲前提條件，所以，正是由此產生了那個雖然對於科學來說不能解決、但畢竟可以解釋的循環，即透過承認哲學在形式和內容上均爲第一的（形式的和質料的）原則來解釋，在這個原則中，形式和內容二者互爲條件，互爲根據。於是在這個原則中，就會有一個點，在這個點上，主觀的東西和客觀的東西、同一的知識和綜合的知識就會是同一種東西。

據此，透過預設這樣一種必然毫無疑問地屬於此一原則的尊嚴，邏輯學就會和其他每門科學一樣，必然從屬於知識學及其原則。

但是，無論出現什麼樣的情況，有一點是確定無疑的：在任何情況下，邏輯學在其領域內部，其本質是保持不變的；而且「邏輯學命題是否能夠並且需要從一個更高的、絕對的原則衍生」這個先驗問題，並不能對它自身及其法則的有效性和自明性有什麼影響，就像「數學中的先天綜合判斷何以可能」這個先驗課題不能對純粹數學在其科學內容方面有什麼影響一樣。如同數學家作爲數學家，邏輯學家也能夠以邏輯學家的身分在自己的科學領域內部，在解釋和證明時，從容不迫地且安全地向前走自己的路，不必擔憂先驗哲學家和知識學家那個處在他的領域之外的先驗問題：作為科學的純粹數學或者純粹邏輯學何以可能？

因此，鑒於對一般邏輯學其正確性的這種普遍承認，即便是懷疑論者和獨斷論者，關於哲學知識的最終根據的爭執，也從來沒有在每個有理性的懷疑論者和獨斷論者都完全承認其規則有效的邏輯學的領地上進行，而是任何時候，都在形而上學的領地上進行。情況怎麼可能是別的樣子呢？眞正的哲學的最高課題確實絕不涉及主觀知識，而是涉及客觀知識；不涉及同一知識，而是涉及綜合知識。因此在這裡，邏輯學作爲邏輯學是完全置身事外的，無論是批判還是知識學，都不可能想到——即便是一種知道把先驗的立場與純然邏輯的立場明確區別開來的哲學，也不可能想到——要在純然邏輯學的領地內部去尋找實在的哲學知識的最終根據，並想從一個僅僅作爲邏輯學命題來看的邏輯學命題中挑揀出一個實在的客體。

因此，眞正的（一般的）邏輯學作爲一門純然形式的科學、僅僅作爲思維的科學來看，誰明確地看到它與先驗哲學，這門統一質料或者實在的純粹理性科學、擁有眞正知識的科學之間的區別，並且絕不再忽視這種區別，就將能夠輕而易舉地評判，應當如何評價巴爾迪利先生新近（在他的《第一邏輯學綱要》中）所做的嘗試，即從邏輯學本身發掘其在先者，期待沿著這個研究途徑發現：「一個實在的客體，要麼由它（純然的邏輯學）設定，要麼除此之外，無從設定任何實在的客體；通向自然的本質的鑰匙，要麼由它提供，要麼除此之外，哪裡也不可能有任何邏輯學和任何哲學。」然而，委實看不出來，巴爾迪利先生以何種可能的方式能夠從他所提出的邏輯學在先者、即思維的絕對可能性的原則——按照這個原則，我們就能夠把一作爲多（不是雜多）中的同一個一來無限多次地重複——中找出一個實在的客體。顯然，這個誤以爲新發現的邏輯學在先者，不多不少正是舊的、早就被承認的、處於邏輯學的領地內部的、被置於這門科學的頂尖的同一律：我所思維的，我在思維，而我現在能夠正在無止境地重複思維的，正是這種東西，而不是別的任何東西。——即便是在正確地理解的邏輯學的同一律中，究竟誰想的是一種雜多，而不是純然的多，它當然不是也不能透過任何別的東西來產生，而只是透過同一個思維的純然重複、透過僅僅重複設定A＝A＝A，如此進行以至無窮來產生。因此，沿著巴爾迪利先生爲此建議的途徑，按照他爲此利用的那種啓迪學方法，也許很難找到哲學思維的理性所關心的東西，即它在自己的研究中能夠由以出發且能夠返回的始點和終點。因此，巴爾迪利先生對康德及其哲學思維方法提出的最主要和最重要的異議，可能擊中的，也不那麼是邏輯學家康德，而毋寧是先驗哲學家和形而上學家康德。因此，我們在這裡可以讓它們全都到該去的地方去。

最後，我在這裡還想說明的是：康德形而上學的手稿也已經在我手頭，一旦我有餘暇，將以同樣的風格修訂、出版它。

一八〇〇年九月二十日於哥尼斯貝格

目次

導 論

一、邏輯學的概念

在自然中，無論是在無生命的世界裡或有生命的世界裡，一切都按照規則發生，儘管我們並不總是了解這些規則。——水按照重力的法則下落，動物行走的運動也按照規則發生。魚按照規則在水裡游，鳥按照規則在天上飛。眞正說來，整個自然無非是明顯依照規則的聯繫；且在任何地方都沒有無規則性。在我們認爲發現了這樣一種無規則性的時候，我們在這種情況下只能說：規則對我們來說是未知的。

就連我們力量的施展，也是按照我們所遵從的某些規則發生，起初是無意識地遵從它們，直到我們逐漸透過嘗試，並花上許多時間使用我們的力量，進而達到對它們的認識，最後使它們對於我們來說如此嫻熟，以至於我們要花費許多力氣去抽象地理解它們。例如：普遍的語法就是一種語言的一般形式。但是，人們不了解語法也能說話；而且不了解語法而說話的人，實際上是有語法的，並且是在按照規則說話，但他並沒有意識到這些規則。

我們的所有力量全都一樣，特別地說，知性在其行動時也受我們能夠研究的規則制約。

是的，一般而言，知性可以被視爲思維規則的源泉和能力。因爲就像感性是直觀的能力一樣，知性是思維的能力。也就是說，把感官的表象置於規則之下的能力。因此，知性熱衷於尋找規則，且在發現規則時就感到滿足。所以問題是，既然知性是規則的源泉，它自己按照什麼規則行事呢？

因爲毫無疑問：除非按照某些規則，否則我們就不能思維，或者就不能使用我們的知性。但是，我們又能夠單獨地思維這些規則。也就是說，我們能夠離開它們的運用或者抽象地思維它們。於是，這些規則的面貌是什麼呢？

※　※　※

知性行事所依據的規則，要麼是必然的，要麼是偶然的。前者是指，沒有這樣一些規則，就根本不可能有知性的應用；後者是指，沒有這樣一些規則，某種確定的知性應用就不會發生。依賴於一個確定的認識客體的偶然規則，就與這些客體一樣多種多樣。例如：在數學、形而上學、道德中等，都有一種知性應用。在上述科學中，這種特殊的、確定的知性應用的規則都是偶然的，因爲我所想的是，與這些特殊規則相關的這個或那個客體是偶然的。

但是，如果我們現在把我們必須僅僅從對象借來的一切知識放在一邊，而僅對一般上的知性應用進行反思，那麼，我們就發現了知性應用的這樣一些規則，它們在所有方面並且不考慮一切特別的思維客體，絕對是必然的，因爲沒有它們，我們根本就不會思維。因此，這些規則也能夠先天地，亦即在不依賴於一切經驗的情況下被看出，因爲它們不分對象，僅包含著知性應用的條件，不管這應用是純粹的還是經驗性的。而且由此同時得出：一般思維之中，普遍的和必然的規則只能涉及思維的形式，絕不涉及其質料。據此，包含著這些普遍的和必然的規則的科學，就僅是一門關於我們的知性知識或思維形式的科學。因此，我們能夠對這樣一門科學的可能性形成一個理念，就像一種一般的語法一樣，它無非包含著一般語言的純然形式，但不包含屬於語言質料的語詞。

這門關於一般知性和理性的必然法則的科學，或者換句話說，關於一般思維的純然形式的科學，我們現在稱之爲**邏輯學**。

※ ※ ※

作爲一門關涉一切一般思維、不考慮作爲思維質料的客體，所謂邏輯學：

1. 它可被視爲其他一切科學的**基礎**，及一切知性應用的**入門**。但是，也正因爲它抽掉了一切客體，而

2. 不能成爲科學的**工具**。

也就是說，我們把工具理解爲應當如何得出某種知識的指南。但這就表示，我已經了解並將按照某些規則產生知識的客體。因此，各門科學的工具並不是純然的邏輯學，因爲它以

對各門科學及其客體和源泉的精確知識爲前提條件。例如：數學就是一種出色的工具，作爲科學，它包含在某種理性應用方面，擴展我們知識的根據。與此相反的邏輯學，既然作爲一切一般知性應用和理性應用的普遍入門，就不可進入各門科學並預先推定其質料，否則就只是一種使一般知識符合知性形式之普遍的理性藝術（canonica Epicuri〔伊比鳩魯的準則學〕），因而僅僅就此而言可以被稱爲工具，但它當然不是用於擴展我們的知識，而是僅用於評判和糾正我們的知識。

3.但是，作爲思維之必然法則的科學，沒有這些法則的話，就根本沒有知性和理性的任何應用，因此這些法則就是知性唯有在其下才能並應與其自身協調一致的條件——知性的正確應用的必然法則和條件：邏輯學是一種法規。作爲知性和理性的一種法規，它既不可以從任何一門科學，也不可以從任何一種經驗借來任何原則；它所包含的，必須全然是先天的法則，這些先天法則是必然的，且關涉一般所謂的知性。

一些邏輯學家固然在邏輯學中，以心理學原則爲前提條件。但是，把這類原則引入邏輯學，卻和從生活中提取道德一樣荒唐。如果我們從心理學，亦即從對我們知性的觀察中獲取原則，那麼我們就會僅僅看到，思維是怎樣發生的，以及它怎樣處在各種各樣的主觀障礙和條件之下；因此，這會導向對僅僅偶然的法則的認識。但在邏輯學中，我們要問的不是偶然的規則，而是必然的規則；不是我們如何思維，而是應當如何思維。因此，邏輯學的規則必須不是出自偶然的知性應用，而是在沒有任何心理學的協助下，自身就能找到的必然的知性應用。我們在邏輯學中不想知道：知性是怎樣的，它如何思維，及它迄今在思維中是如何行事，而是想知道，它在思維中應當如何行事。邏輯學應當教導我們正確使用知性，亦即如何與其自身協調一致地使用知性。

※　　※　　※

從已經給出的對邏輯學的解釋中，還可引出這門科學的其餘根本屬性；也就是說：

4. 它是一門理性科學，這不是就純然的形式，而是就質料而言，因爲邏輯學的規則不是提取自經驗，且因爲它同時以理性爲自己的客體。因此，邏輯學是知性和理性的自我認識，但不是就它們在客體方面的能力而言，而是僅就形式而言。我在邏輯學中並不去問：知性認識什麼，亦即它能夠認識多少，或者它的知識能走多遠？因爲這會是在其質料應用方面的自我認識，因此屬於形而上學。在邏輯學中的問題僅是：知性如何認識自己本身？

最後，作爲一門質料及形式上均是理性的科學，邏輯學也是：

5. 一種學說或得到演證的理論。因爲既然它不研究普通的，因而不包括純然經驗性的知性應用和理性應用，而是僅研究一般思維之普遍的和必然的法則，所以，基於它先天的原則，它的一切規則都能夠衍生自這些原則，並從中得到證明，它們是理性的一切知識必須符合的原則。

由於邏輯學作爲一門先天的學科或一種學說，它應當被視爲知性應用和理性應用的法規，且在本質上與美學有別，（美學作爲純然的鑑賞批判沒有任何法規（法則），而是只有一種規範（純然是爲了評判而有的典範和準繩），這規範就在於普遍的一致。）也就是說，美學包含著知識與感性的法則協調一致的規則；與此相反的邏輯學，則包含知識與知性和理性的法則協調一致的規則。如果人們把學說理解爲一種從先天原則出發的獨斷傳授，其中人們無須別處來的、從經驗借來的教導，透過知性就看出一切，而且給予我們規則，遵循這些規則就能獲得所要求的完善性，那麼，美學就只有經驗性的原則，因此絕不能是科學或者學說。

有些人，特別是演說家和詩人，試圖對鑒賞作出理性思考，但他們從來未能對此作出決定性的判斷。法蘭克福的哲學家鮑姆嘉登曾爲一門作爲科學的美學制訂了計畫。然而，霍姆更正確地把美學稱爲批判，因爲它不像邏輯學那樣，給出充分地規定判斷的先天規則，而是後天地提取其規則，且只是透過比較來使我們據以認識較不完善者與較完善者（美者）的經驗性法來使其變得更普遍。

因此，邏輯學不只是純然的批判；它是一種事後用做批判，亦即用做評判一切一般知性應用的原則的法規，儘管只是就純然的形式來批判知性應用的正確性，這是因爲，它和一般的語法一樣不是工具。

另一方面，作爲一切一般知性應用的入門，一般邏輯學也同時與先驗邏輯學有別；在先驗邏輯學中，對象本身被表現爲純然知性的對象；一般邏輯學則與此相反，它關涉一切一般對象。

如果我們現在爲了詳細規定邏輯學的概念，而概括所需的一切本質特徵，那麼，我們將必須提出關於它的如下概念：

邏輯學是一門理性科學，這不是僅就形式而言，而是就質料而言；它是一門關於思維的必然法則的先天科學，但不是就特殊的對象而言，而是就一切一般對象而言。因此，它是一門一般來說，正確的知性應用和理性應用的科學，但不是在主觀上。也就是說，不是按照知性如何思維的經驗性（心理學）原則，而是在客觀上，是按照知性應當如何思維的先天原則。

二、邏輯學的主要劃分——講授——這門科學的用途——其歷史的概述

邏輯學被劃分爲：

1. 分析論和辯證論。

分析論透過分解，揭示我們在一般思維時所做的一切理性行動。因此，它是對知性形式和理性形式的一種分析，也能叫做眞理的邏輯，因爲它包含一切（形式的）眞理的必然規則。沒有這些規則。我們的知識——且不說對象——即便在自身中也不是眞的。因此，它也不外是評判（我們知識的形式上的正確性）的法規。

如果人們想把這種純然理論的和普遍的學說當做一種實踐的藝術，亦即用做一種工具，那麼，它就會成爲辯證論。這是說如果其特徵畢竟必須與客體一致，因而，提取內容目的若以純然的邏輯形式僞裝一種眞知識的假象，就是產生自分析論的純然濫用之假象邏輯（ars sophistica, disputatoria〔詭辯術、辯論術〕）。

在過去的時代裡，辯證法曾被大力研究。這門藝術曾在眞理的假象下講授錯誤的原理，並且依據這些原理試圖按照假象來斷言事物。在希臘人那裡，辯證法家就是代言人和演說家，他們能夠把民眾引向他們想要的地方，因爲民眾能被假象矇騙。因此，辯證法在當時是假象的藝術。在邏輯學中，曾有一個時期，辯證法是以辯論術的名義講授的，而且在這段時間裡，邏輯學和哲學就是某些饒舌的人士僞裝任何假象的藝術。但是對於一個哲學家來說，再也沒有比這樣一種藝術的培養更不般配的了。因此，它在這種意義上必須完全被取締，而代替它被導入邏輯學的，毋寧是對這種假象的批判。

據此，我們就會產生邏輯學的兩個部分：講授眞理的形式標準之分析論和辯證論，後者包含一些特徵和規則。據此我們就能認識，某種東西並不與眞理的標準一致，儘管它看似與眞理的標準一致。因此，在這種意義上，辯證法在作爲知性的淨化劑時就會有其妙用。

此外，人們通常把邏輯學劃分爲：

2. 自然的或者通俗的邏輯學，和藝術的或科學的邏輯學（logica naturalis, log. Scholastica s. artificialis〔自然的邏輯學，學院派的或者精巧的邏輯學〕）。

但是，這種劃分是不精確的。因爲眞正說來自然的邏輯學或者普通理性（sensus communis〔共識〕）的邏輯學不是邏輯學，而是一門人類學，只具有經驗性的原則，因爲它只探討自然知性和理性應用的規則，而這些規則只能是具體地、因而無須對它們的抽象意識有所認識。——因此，唯有藝術的或者科學的邏輯學才配享這個名稱，它是思維的必然且爲普遍規則的科學，這些規則不依賴具體、自然的知性應用和理性應用，能夠且必須被先天地認識到，儘管它們原先只是透過對自然應用的觀察才被發現到。

3. 邏輯學還有一種劃分，即劃分爲理論的邏輯學和實踐的邏輯學。然而，這種劃分也不正確。

一般邏輯學作爲純然的法規，抽掉了一切客體，不能有實踐的部分，否則就會是一種contradictio in adjecto〔用詞自相矛盾〕，因爲一種實踐的邏輯學以對它運用於其上的一類對象爲前提條件。所以，我們能夠把任何一門科學稱爲實踐的邏輯學；因爲在每一門科學中，我們都必須有思維的形式。因此，一般邏輯學，作爲實踐的學科來看，只能是一般學問的技術，一種學術方法的工具。

因此，按照這種劃分，邏輯學就會有其獨斷的部分和技術的部分。前者可以叫做要素論，後者可以叫做方法論。邏輯學的實踐部分或者技術部分會是排列、邏輯術語和區別方面的一種邏輯藝術，爲的是使知性藉此得以展現。

但是，無論是在技術的部分還是在獨斷的部分，都不可以考慮思維的客體也不可以考慮思維的主體。在後一種關係中，邏輯學將能被劃分爲：

4.純粹的邏輯學和應用的邏輯學。

在純粹的邏輯學中，我們把知性與其餘的心靈力量分開，並考察它獨自做什麼。應用的邏輯學考察知性，是就它與其他心靈力量混在一起而言的，其他心靈力量影響知性的行動，將它引向歧途，以至於它不能遵照自己清楚的洞見，按其正確的法則行事。應用的邏輯學眞正說來不應當叫做邏輯學——這是一種心理學，之中我們考察我們的思維通常是如何運作，而不是應當怎樣進行。最後，應用的邏輯學雖然講人們應當做什麼，以便在各種各樣的主觀障礙和限制之下正確地使用知性；我們從應用的邏輯學也學到什麼有助於正確地使用知性，以及正確地使用知性的輔助手段或者邏輯缺點和錯誤的醫治手段。但是，它畢竟不是入門。因爲在應用的邏輯學中，一切都必須取自心理學，而心理學是諸多哲學科學的一個部分，對於這些科學來說，邏輯學應當是入門。

人們固然會說：應當在應用的邏輯學中講授建設一門科學的技術或者方法。但這是徒勞的，甚至是有害的。人們在佔有材料之前就開始建設，也許給予形式，但卻缺少內容。在每一門科學中必須去講授技術。

最後：

5.至於把邏輯學劃分爲普通知性的邏輯學和思辨知性的邏輯學，我們在這裡說明：這門科學根本不能這樣劃分。

它不能是思辨知性的科學。因爲作爲思辨的知識或者思辨的理性應用的邏輯學，它就會是其他科學的一種工具，而不是應當牽涉知性和理性的一切可能應用的純然入門。

邏輯學同樣不能是普通知性的產物。也就是說，普通知性是具體洞察知識規則的能力。但邏輯學應當是關於抽象思維規則的一門科學。

然而，人們可以把普遍的人類知性當作邏輯學的客體，而且就此來說，邏輯學抽掉思辨理性的特殊規則，因而與思辨知性的邏輯學區別開來。

※ ※ ※

至於邏輯學的講授，它可以是學院派的，或者是通俗的。

如果邏輯學的講授適合於想把邏輯規則的知識當作一門科學來探討的人們的求知欲、能力和培養，它就屬於學院派。但是，如果它遷就不把邏輯學當科學來研究，而是僅僅爲了啓蒙自己的知性而使用它的人們的能力和需要，它就是通俗的。——在學院派的講授中，必須普遍或抽象地展示規則；反之，在通俗的講授中，規則必須特殊地或具體地展示。學院派的講授是通俗講授的基礎；因爲唯有能夠更透徹地講授某樣事物的人，才能以一種通俗的方式演繹它。

此外，我們在這裡把講授與方法區別開來。也就是說，方法應當被理解爲如何能夠充分認識方法要運用於其認識的某個客體的方式。它必須提取自科學自身的本性，（因而作爲思維的一種由此被規定的和必然的秩序，是不可改變的。）講授卻只意味著一種風格，即把自己的思想傳達給別人、以便使一種學說可以理解。

※　※　※

從我們迄今關於邏輯學的本質和目的所說的東西出發，從現在起，就可以按照一個正確的和確定的標準，對這門科學的價值和研究它的用途作出評估。因此，邏輯學固然不是普遍的發明藝術，不是眞理的工具，——不是藉以揭示隱秘的眞理的代數學。

但是，它作爲知識的一種批判，或者對於評判普通理性和思辨理性，卻是有用的和不可或缺的，這不是爲了教導理性，而只是爲了使理性準確且與自身一致。因爲眞理的邏輯原則就是知性與它自己的普遍法則一致。

※　※　※

最後，關於邏輯學的歷史，我們想列舉者如下：

當今邏輯學的寫法來自於亞里斯多德的《分析篇》。這位哲學家可被視爲邏輯學之父。他把邏輯學當成工具來講授，並且把它劃分爲分析論和辯證論。他的教學方式是十分學院派的，且牽涉作爲邏輯學基礎之最普遍的概念的發展；但這沒有什麼用途，因爲除了從中引出不同知性活動的稱謂之外，幾乎所有的東西都導致純然的細膩。

此外，邏輯學自亞里斯多德的時代以來，在內容上收益不多，且就其本性來說，它也不可能有什麼收益。但是，它在精確性、確定性和清晰性方面卻可大有收益。只有少數科學能夠有一種持久的、不再改變的狀態。邏輯學，還有形而上學就屬於這些科學。亞里斯多德沒有漏掉知性的任何一個要素；後人只是更精確、更有條理和更有秩序罷了。

關於蘭貝特的《工具論》，人們雖然相信它會大大擴展邏輯學，但它所包含的卻無非是更細膩的劃分，這些劃分像所有正確的細膩一樣，也許使得知性敏銳，但卻沒有任何根本的用處。

在近代的世俗智者中，有兩個人推進了一般邏輯學，他們是萊布尼茨和沃爾夫。

馬勒布朗士和洛克沒有探討眞正的邏輯學，因爲他們也討論知識的內容和概念的起源。

沃爾夫的一般邏輯學是人們所能擁有的最好的邏輯學。其他一些人，例如：羅伊施，則把它與亞里斯多德的邏輯學結合起來。

鮑姆嘉登是一個在這方面有諸多功績的人，他凝練了沃爾夫的邏輯學，而邁耶爾此後又對鮑姆嘉登加以評注。

屬於近代邏輯學家者，還有克魯秀斯，但他沒有考慮過邏輯學是什麼樣的科學。因爲他的邏輯學包含了形而上學原理，因而就此來說超越了這門科學的界限；此外，他的邏輯學提出了一個不能是標準的眞理標準，因而可謂爲一切幻想大開方便之門。

當今的時代，剛好沒有任何著名的邏輯學家，邏輯學也不需要有什麼新發明，因爲它僅僅包含思維的形式。

三、一般哲學的概念——按照學院概念和世間概念來看待哲學——哲學思維的根本要求和目的——這門科學最普遍和最高的任務

解釋一門科學如何被理解，有時是困難的。但是，科學透過確定其明確的概念而獲得精確性，且出自某些理由，在人們尚未能把該科學與同它相近的科學區別開來時，也能避免一些從別處混入的錯誤。

然而，我們在試圖給出哲學的定義前，必須先研究不同知識本身的特性，而且由於哲學知識屬於理性知識，就必須先解釋：應當如何理解理性知識。

理性知識被與歷史的知識對立起來。前者是出自原則（ex principiis）的知識，後者是出自實事（ex datis）的知識。但是儘管如此，一種可能從理性產生的知識，卻是歷史的；例如：如果一位純然的文學匠學習他人理性的產品，則他關於這類理性產品的知識就是純然歷史的。

也就是說，人們區別各種知識時，可以：

1. 按照其客觀的起源，亦即按照一種（知識唯有以此出發才有可能的源泉）。在這方面，所有知識要麼是理性的，要麼是經驗性的。

2. 按照其主觀的起源，亦即按照一種人們能夠獲得知識的方式。從這一種觀點來看，知識要麼是理性的，要麼是歷史的，不管它們本來如何產生。因此，某種知識客觀上可以是一種理性知識，主觀上卻是歷史的。

※ ※ ※

對於一些理性的知識來說，僅僅歷史地知道它們是有害的，反之對於另一些理性的知識來說，則無關緊要。例如：船長從其圖表中知道航海的規則，這對他來說就夠了。但是，如果法學家純然歷史地知道法學知識，那麼，當他眞的去當法官就糟透了，做立法者時就更糟了。

從上述客觀的理性知識和主觀的理性知識之間的區別也可看出，人們在某些方面可以學習哲學，卻不能進行哲學思維。因此，想成爲眞正的哲學家的人，就必須練習自由地而非純然模仿，或機械地使用自己的理性。

※ ※ ※

我們已經把理性知識解釋爲出自原則的知識，而且由此得出：理性知識必須是先天的。

但有兩種先天的知識，卻有顯著的區別，它們是數學和哲學。

人們通常斷言，數學和哲學按照客體而彼此有別，因爲前者探討量，後者探討質。這是錯的。這兩門科學的區別不能基於客體，因爲哲學牽涉一切，因而也關涉量，並且就一切都有大小而言，也部分牽涉數學。唯有數學和哲學中，理性知識或者應用理性的不同方式才構成這兩門科學之間的種差。也就是說，哲學是出自純然概念的理性知識，反之，數學是出自構思概念的理性知識。

當我們無須經驗而在先天直觀中展示概念時，或者，當我們在直觀中展示對象，該對象符合我們對它的概念時，我們就是在構思概念。數學家絕不能按照純然的概念來使用自己的理性，哲學家絕不能透過構思概念來利用自己的理性。在數學中，人們具體地使用理性，但直觀卻不是經驗性的，而是人們在這裡使某種先天的東西成爲直觀的對象。

而且在這裡，如我們所見，數學對哲學有一種優勢，即數學的知識是直覺的知識，反之，哲學的知識只是推理的知識。但是，我們爲什麼在數學中考慮更多的量，其原因在於，量能在先天直觀中構思，反之，質則不能在直觀中展示。

※　※　※

因此，哲學是哲學知識或出自概念理性知識的體系。這就是關於這門科學的學院概念。按照世間概念，它是關於人類理性之最終目的的科學。這個崇高的概念賦予哲學尊嚴，亦即一種絕對的價值。而且哲學實際上也是這樣，唯有哲學才具有內在價值，且賦予其他一切知識價值。

然而，人們終究還是要問，作爲科學的哲學本身，按照學院概念來看，哲學思維及其終極目的的用處爲何？

在這個詞的學院派意義上，哲學只牽涉熟巧；反之，攸關世間概念時，哲學則牽涉可用性。因此，在前一個角度，哲學是一種熟巧的學說；在後一個角度，哲學則是智慧的學說，是理性的立法者，哲學家就此而言不是理性的藝術家，而是立法者。

理性的藝術家，或如蘇格拉底稱謂的：愛意見者，僅僅追求思辨的知識，並不關注知識對人類理性的最終目的有多少貢獻；他爲理性用於各種各樣隨意的目的提供規則。實踐的哲學家，憑藉學說和榜樣的智慧教師，是眞正的哲學家。因爲哲學是一種完美智慧的理念，它給我們指出人類理性的最終目的。

按照學院概念，屬於哲學的有以下兩種成分：

首先，理性知識的充分儲備；其次，這些知識的一種系統聯繫，或者它們在一個整體的理念中的結合。

允許這樣一種嚴格系統聯繫的，不僅是哲學，但哲學甚至是唯一在最本眞的意義上擁有這樣一種系統聯繫並賦予其他所有科學系統統一性的科學。

但是，說到按照世間概念（in sensu cosmico）的哲學，人們也可以把它稱爲一門關於應用我們理性之最高準則的科學，如果人們把準則理解爲：在不同目的間作出選擇的內在原則的話。

因爲後一種意義上的哲學，確實是探討一切知識和理性應用與人類理性終極目的之關係的科學，對於作爲最高目的的終極目的來說，其他一切目的都是從屬的，並且必須在它裡面聯合成爲統一體。

在這種世界公民意義上的哲學領域可以歸爲以下問題：

1. 我能夠知道些什麼？
2. 我應當做什麼？
3. 我可以希望什麼？
4. 人是什麼？

形而上學回答第一個問題，道德回答第二個問題，宗教回答第三個問題，人類學回答第四個問題。但在根本上，人們可以把所有一切都歸給人類學，因爲前三個問題都與最後一個問題相關。

因此，哲學必須要能規定：

1. 人類知識的源泉。
2. 一切知識之可能的和有益應用的範圍。
3. 最後是理性的界限。

最後一點是最必要的，但也是最困難的，但愛意見者對此漠不關心。

對一個哲學家來說，主要有以下兩種能力：

1. 才能和熟巧的培養，以便把它們用於各式各樣的目的。
2. 在爲任意目的而使用一切手段的技巧。二者必須聯合起來；因爲沒有知識，就絕不能成爲哲學家，但僅有知識，如果不加上一切知識和熟巧合目的地結合爲統一體，以及對它們與人類理性最高目的的協調一致的洞見，也不能造就哲學家。

總而言之，不能進行哲學思維的人不能自稱哲學家。但哲學思維只能透過練習和獨立應用理性來習得。

眞正說來，應當如何學習哲學呢？可以說，每一位哲學思想家都是在一位他者的廢墟上建造他自己的作品，但卻沒有一個作品達到在其所有部分都歷久不衰的境地。因此，單憑哲學尚未被給予這個理由，人們就已經不能學習哲學。但即便假定確實現存一種哲學，也畢竟不會有一個人學了它就能夠說自己是一名哲學家，因爲他在這方面的知識畢竟始終只是主觀的和歷史的。

在數學中，事情就不同了。人們在某種程度上，可以學習這門科學，因爲證明在這裡是如此明晰，以至於能夠使每一個人都對此確信不疑；數學也能夠由於它的自明性而彷彿得以長久作爲一種確定的和歷久不衰的學說。

反之，想學習哲學思維的人，只可以把一切哲學體系都視爲使用理性的歷史，視爲練習他的哲學才能的客體。

因此，眞正的哲學家必須以一個思維的人，自由且親自地，而不是奴隸般模仿地使用自己的理性。但是，也不能辯證地使用。也就是說，不能以將真理和智慧的假象給予知識爲目的來使用。這是純然的詭辯家的事情，而與作爲智慧的知音和教師的哲學家的尊嚴絕不相容。

因爲科學唯有作爲智慧的工具才具有一種內在的、眞正的價值。但作爲這樣的工具，它對於智慧來說也是不可或缺的，以至於人們大可斷言：少了科學的智慧是我們永遠達不到的一種完善的幻影。

人們把仇視科學、反倒愈益愛智慧的人稱爲厭惡論證者。厭惡論證通常源自空無科學知識和某種與此相結合的虛榮。但有時，也有一些人起初非常勤勉和成功地探究科學，但最終卻在其全部知識中找不到任何滿足，而陷入厭惡論證的錯誤。

哲學是唯一善於使我們得到這種內在滿足的科學，因爲它彷彿是畫出科學的圓，然後各門科學才透過它獲得秩序和聯繫。

因此，爲了在自己思維或者哲學思維中展開練習，我們對理性應用方法的關注，將勝於對我們透過這種方法來達到的命題的關注。

普通的知性應用終於何處和思辨的知性應用在起於何處，或者普通的理性知識如何成爲哲學，要規定它們的界限，的確有一些困難。

然而，在這裡畢竟有一個相當可靠的區別特徵，亦即：對共相的抽象知識是思辨的知識，對共相的具體知識是普通的知識。哲學知識是理性的思辨知識，因而是起於普通的理性應用著手對共相的抽象知識中進行嘗試之處。

四、哲學史簡述

從區別普通的理性應用和思辨的理性應用的這種規定出發，就可以評判，人們必須從哪一個民族來確定哲學思維的開端。因此，在所有民族中，是希臘人才開始哲學思維的。因爲他們率先嘗試不按照形象的引導，而抽象地培育理性知識；反之，其他民族始終只是試圖透過形象來具體地使概念可以理解。即便現在也還有一些民族，例如：中國人和一些印第安人，雖然討論僅從理性中得出的事物，討論神、靈魂的不死等，但畢竟不是試圖按照概念和規則來抽象地研究這些對象的本性。他們在這裡並沒有區隔在具體的理性應用和抽象的理性應用。在波斯人和阿拉伯人那裡，雖然有一些思辨的理性應用，但他們是從亞里斯多德那裡，因而畢竟是從希臘人那裡借來這方面的規則。在瑣羅亞斯德的《阿維斯陀注釋》中，人們沒有發現哲學的絲毫蹤跡。這一點也同樣適用於備受稱頌的埃及智慧，與希臘哲學相比，它是一種純然的兒戲。

就像在哲學中一樣，在數學方面也是希臘人率先按照一種思辨、科學的方法來培育理性知識的部分，因爲他們是從要素出發，來演證每個定理。

但是，在希臘人之間，哲學精神首先在何時何地產生，這眞正說來卻無法確定。首倡思辨理性的應用、人們也從他得出人類知性邁向科學文化的第一步的人，是伊奧尼亞學派的創始人泰勒士。他的別號是自然哲學家，儘管他也是數學家；一般而言，數學總是走在哲學前面。

此外，第一批哲學家用形象來表達一切。因爲詩無非是用形象來表達思想，它比散文更古老。因此，最初即便對於僅是純粹理性客體的事物，人們也必須使用形象語言和詩性文體。據說菲萊吉德是第一位散文作家。

繼伊奧尼亞學派之後的是愛利亞學派。愛利亞哲學及其創始人克塞諾芬尼的原理是：感官中的是錯覺和假象，唯有在知性中才有眞理的源泉。

在這個學派的哲學家之間，芝諾因作爲一個具有偉大知性和敏銳感覺的人物，且作爲細膩的辯證法家而出類拔萃。

起初，辯證法指的是在抽象的、與一切感性分離之概念方面的純粹知性應用的藝術。因此，這門藝術在古人那裡備受讚揚。後來，當那些完全拋棄感官見證的哲學家們在這種主張中，不可避免地想出許多細膩的東西時，辯證法就蛻化爲主張和反駁任何一個命題的藝術。於是，它就成爲智者們的一種純然練習，他們對一切都說三道四，專心致志於混淆眞僞，顚倒黑白。因此，本來人們在智者這個名稱下，想到的是一個對所有事情都理性地和有洞見地說話的人，現在這個名稱也變得如此令人憎惡和蔑視，取代它的，則是哲學家這個名稱。

※　※　※

大約在伊奧尼亞學派時代，在大希臘出現了一位罕見的天才人物，他不僅也建立了一個學派，且同時制訂並實現了一個史無前例的規劃。此人就是出生於薩莫斯島的畢達哥拉斯。也就是說，他創建了一個哲學家團契，哲學家們透過嚴守秘密的律法聯合成一個社團。他把自己的聽眾劃分爲兩類：即必須只聽講的聽講者（ἀχουσμαθιχοι）和也可以發問的傳授者（ἀχροαμαθιχοι）。

在他的學說中，有些是他向全體民眾講授的公開學說；其餘則是秘密和秘傳的，只講給其社團成員，他從這些成員中吸收一些人，成爲他最親信的朋友，並與其他人完全隔離。他使物理學和神學，因而是可見之物和不可見之物的學說成爲他秘密學說的載體。他也有不同的象徵，這些象徵大概無非是畢達哥拉斯學派用於相互理解的符號。

看來他的社團的目的無非是：從宗教中滌除民衆的妄念，緩和暴政和把一些合法性引入國家。但是，暴君們開始懼怕這個社團，導致它在畢達哥拉斯死前不久就被摧毀了，而且這個哲學團體也被解散，部分是由於其成員被處死，部分是由於其多數成員逃亡和被放逐。尙留下的少數人都是新手。況且既然這些新手對畢達哥拉斯的獨特學說所知不多，人們對此也就說不出什麼確定無疑的和明確的東西。後來，人們把許多學說都歸於也很有數學頭腦的畢達哥拉斯，但這些學說肯定都只是杜撰的。

※　※　※

最後，希臘哲學最重要的時期起自蘇格拉底。因爲正是他，給予了哲學精神和所有思辨的頭腦一個嶄新的實踐方向。在所有人之間，他也是行爲最接近智者理念的唯一一位。

在蘇格拉底的學生中，柏拉圖較多地研究了他的實踐學說。而在柏拉圖的學生中，又以提高思辨哲學的亞里斯多德最著名。

繼柏拉圖和亞里斯多德之後，是伊比鳩魯學派和斯多亞學派，這兩個學派彼此是仇家。前者認爲：至善就是他們稱之爲歡樂的愉快心情；後者則僅僅在靈魂的高尚和堅強中找到至善，此際人們可以缺少生活的一切安適。

此外，斯多亞學派在思辨哲學中是辯證的，在道德哲學中是獨斷的，而且在其以之爲歷來存在最崇高的意念撒播種子的實踐原則中，表現出頗多的尊嚴。斯多亞學派的創始人是基蒂翁的芝諾。在希臘世俗智者中，出自此學派的最著名人物則是克雷安特和克呂西波。

伊比鳩魯學派從未能獲得斯多亞學派的那種聲譽。但是，無論人們怎麼說伊比鳩魯學派，有一點是確定無疑的：他們在享受方面表現出極大的節制，並且在希臘的所有思想家中是最好的自然哲學家。

我們在此還要說明的是，最主要的希臘學校都有特殊的名稱。柏拉圖的學校叫學園，亞里斯多德的學校叫呂克昂，斯多亞派的學校叫畫廊（στοα），即一個有頂的走廊，斯多亞派的名稱正由此而來，而伊比鳩魯的學校叫花園，因爲伊比鳩魯在花園裡講學。

繼柏拉圖的學園之後，還有他的學生們創辦的三個不同的學園。第一個是斯彪西波創辦的，第二個是阿爾凱西勞創辦的，第三個是卡爾涅阿德創辦的。

這些學園傾向於懷疑論。斯彪西波和阿爾凱西勞兩人規定了他們傾向懷疑的思維方式，卡爾涅阿德在這方面又推進了一步。因此，這些細膩的、辯證的懷疑論者哲學家們，也被稱爲學園派。因此，學園派都追隨第一個偉大的懷疑者皮浪及其後繼者。對此，他們的老師柏拉圖本人爲他們提供了機緣，因爲柏拉圖以對話的方式講授他的許多學說，以至於贊成的理由和反對的理由都被引證，他本人對此卻不作出裁定，儘管他在別的地方很獨斷。

人們如果以皮浪爲懷疑論時期的開端，就獲得了懷疑論者的一個完整學派，在思維方式和哲學思維的方法上，他們與獨斷論者有本質的區別，因爲他們使之成爲一切哲學思維的理性應用之第一準則是：即便在顯然是真理時，也要克制其判斷；而且提出以下原則：哲學在於判斷的均衡，並且教我們揭示錯誤的假象。但是，這些懷疑論者，留下來的無非是塞克斯都·恩披里柯的兩部著作，他在其中蒐集了所有的懷疑。

※　※　※

當哲學後來從希臘人過渡到羅馬人時，並沒有擴展；因爲羅馬人始終還只是學生。

西塞羅在思辨哲學上是柏拉圖的一個學生，在道德上屬於斯多亞學派。屬於斯多亞學派者，還有愛比克泰德、哲學家安托尼和塞涅卡最爲著名。在羅馬人中，除了留下一部《博物志》的小普林尼之外，沒有自然學者。

最後，文化也在羅馬人這裡消失，而野蠻興起了，直到阿拉伯人在六世紀至七世紀開始關注科學，使亞里斯多德重新流行爲止。因此，現在科學在西方重新興盛，尤其是亞里斯多德的威望，但人們卻是以一種奴隸般的方式追隨他。在十一世紀至十二世紀，出現了經院學者；他們詮釋亞里斯多德，且無止盡地推行細膩。人們所做的事情全然是抽象。經院哲學的這種僞哲學思維的方法在宗教改革時代受到排擠。此時哲學中有折衷主義者，亦即這些自己思維者，不委身於任何學派，而是尋找眞理，且不管在哪裡找到，都接受之。

但是，哲學在近代的進展，部分歸功於對自然更多的研究，部分歸功於數學與自然科學的結合。透過這些科學研究而在思維中產生的秩序，也擴展到眞正的世俗智慧的特殊分支及部分以外的地方。近代第一位且最偉大的自然研究者，是維魯蘭姆的培根。他在自己的研究中走上了經驗之路，並且使人注意到觀察和實驗對揭示眞理的重要性和不可或缺性。此外，眞正說來，思辨哲學的改善發源何處，這還很難說。笛卡爾在這方面功績不小，因爲透過提出眞理的標準，他對賦予思維以清晰性作出了很多貢獻，他認爲眞理的標準就是知識的清楚和自明。

但是，在我們的時代裡，要把萊布尼茨和洛克歸入哲學最偉大和最功績卓著的改革者當中。洛克試圖分析人的知性，並指出哪些心靈力量和及其哪些活動屬於這種或那種知識。但是，他沒有完成自己的研究工作，他的行事方式也是獨斷的，儘管他對人們開始更好地且更透徹地研究靈魂的本性作出貢獻。

（至於哲學思維的特殊的、萊布尼茨和沃爾夫特有的、獨斷的方法，是十分錯誤的。）其中有如此之多騙人的東西，以至於大有必要將整個行事方式棄之不用，啓動另一種行事方式，即批判哲學思維的方法。這種方法就在於，研究理性自身的行事方式，分析人的全部認識能力，並檢驗這種能力可能達到的界限。

在我們的時代，自然哲學處在最繁榮的狀態，而且在自然研究者中，有牛頓這樣的偉大名字。眞正說來近代哲學家們現在不能享有出眾的和永久的聲名，因爲在這裡，一切都彷彿處在流動之中。一個人建立之，另一人加以拆除。

在道德哲學中，我們走得比古人更遠。但是，就形而上學來說，看起來就好像我們在研究形而上學眞理時變得疑心重重似地。現在對這門科學表現出一種漠不關心，因爲人們似乎引以爲榮地把形而上學的探究輕蔑地說成是純然的苦思冥想。但形而上學畢竟是本眞的、眞正的哲學！

我們的時代是批判的時代，且人們必須看到，我們時代的批判嘗試，特別是哲學和形而上學方面的批判嘗試中將會生成什麼。

五、一般知識——直覺的知識和論證的知識；直觀和概念，特別是二者的區別

——知識在邏輯上的完善性和在審美上的完善性

我們的一切知識都具有雙重的關係：首先是與客體的關係，其次是與主體的關係。在前一種考量中，知識與表象相關，在後者中，知識與意識，即一切一般而言的知識的普遍條件相關。（眞正說來，意識是一種表象，即另一個表象在我心中。）

在任何知識中，都必須區分質料（亦即對象）和形式（亦即我們認識對象的方式）。例如：如果一個野蠻人看到遠處的一座房子，他並不了解房子的用處，那麼，他在表象中所擁有的，固然與另一個明確了解房子是人建造的住宅的人所擁有的，正是同一個客體。但在形式上，對同一客體的這種知識在兩個人那裡卻是不同的。它在前者那裡是純然的直觀，在另一人那裡則同時是直觀和概念。

知識形式的差異基於一個伴隨著一切認識的條件，即基於意識。如果我意識到表象，它就是清楚的；如果我沒意識到它，它就是模糊的。

既然意識是知識一切邏輯形式的根本條件，那麼邏輯學就能夠且可以只研究清楚的表象，但不研究模糊的表象。我們在邏輯學中看不到表象如何產生，而只看到表象如何與邏輯形式一致。總而言之，邏輯學也可以根本不探討純然的表象及其可能性。它把這交給形而上學去做。它自己僅就一切思維由以發生的概念、判斷和推理來研究思維的規則。當然，在一個表象成爲概念之前，就發生了某種事情。我們也將在適當的地方指出這一點。但是，我們將不研究表象如何產生。邏輯學固然也探討認識，因爲在認識時已經發生思維。但是，表象還不是知識，而是知識始終以表象爲前提條件。而這後一點也完全無法解釋。因爲人們畢竟必須總是又透過另一個表象來解釋何謂表象。

邏輯規則只能運用於清楚的表象，一切清楚的表象可以在清晰性和不清晰性方面作出區分。如果我們意識到整個表象，但未意識到其中所包含的雜多，那麼，該表象就是不清晰的。爲了解釋這件事，先舉一個直觀中的例子。

我們在遠處看到一座農舍。如果我們意識到，被直觀到的對象是一座房子，那麼，我們就必然也具有這座房子的不同部分，即窗戶、門等的表象。因爲倘若我們未看到各部分，就會也未看到房子本身。但是，我們並未意識到這個關於其各部分的雜多表象，因而我們關於上述對象本身的表象就是一個不清晰的表象。

此外，如果我們想舉一個關於概念中的不清晰性的例子，那麼，美的概念可以派上用場。每個人對美都有一個清楚的概念。然而，這個概念卻出現不同的特徵，其中就有：美者必須是某種：1.進入感官的東西；2.普遍令人喜歡的東西。如果我們現在不能把美者的種種特徵的雜多講個明白，我們對此的概念畢竟還不清晰。

沃爾夫的學生們把不清晰的表象稱爲一種混亂的表象。然而，這種表述是不恰當的，因爲混亂的反面不是清晰，而是秩序。固然清晰是秩序的一種結果，而不清晰是混亂的一種結果；因而任何混亂的知識也都是一種不清晰的知識。但這個命題反過來是無效的；並非一切不清晰的知識都是一種混亂的知識。因爲對於其中不存在雜多的知識來說，就不存在秩序，但也不存在混亂。

一切從未變清晰的簡單表象都有這種情況；不是因爲可以在其中發現混亂，而是因爲不能在其中發現雜多。因此，人們必須把它們稱爲不清晰的，但不得稱爲混亂的。

甚至對於在其中能夠區別特徵之雜多的複合表象來說，不清晰性也經常不是源自混亂，而是源自於意識的微弱。也就是說，某種東西可能在形式上是清晰的，亦即我能意識到表象中的雜多；但在質料上，清晰性卻可能在意識的程度變小時減弱，儘管一切秩序還在。抽象的表象就是這種情況。

清晰性本身可以是一種雙重的清晰性：

首先，是一種感性的清晰性。這種清晰性在於意識到直觀中的雜多。例如：我看到銀河是一條白色的光帶，光帶中各星的光線必然射入我的眼睛。但我對此的表象雖然是清楚的，但是要透過望遠鏡才變得清晰，因爲我現在才看到包含在銀河光帶中的各個星辰。

其次，是一種理智的清晰性，在概念中的清晰性或知性的清晰性。這種清晰性基於對包含在概念之中的雜多進行概念的分析。例如：德性的概念中就包含著以下特徵：1.自由的概念；2.對規則（義務）執著的概念；3.克服偏好力量的概念，如果偏好與那些規則相衝突的話。現在，如果我們把德性的概念加以分解，我們就正是透過這種分析而使它變得清晰。但是，透過這種清晰化我們在一個概念上並無添加；只是在解釋它而已。因此，就概念的清晰性來說，不是在質料上，而僅在形式上有所改善。

※　※　※

如果我們對我們的知識在其由以產生的感性和知性這兩種根本不同的基本認識能力方面作出反思，那麼，我們在此就遇到了直觀與概念的區別。也就是說，我們的一切知識從這個角度來看，要麼是直觀，要麼是概念。前者的源泉在感性，即直觀的能力；後者的源泉在知性，即概念的能力。這就是知性和感性之間的邏輯區別，按照這種區別，感性所提供的無非是直觀，反之知性提供的無非是概念。兩種基本能力當然也可以從另一方面來考察，以另一種方式來定義；也就是說，感性是接受性的能力，知性是自發性的能力。然而，這種解釋方式不是邏輯學的，而是形而上學的。人們通常把感性也稱爲低級的能力，反之把知性稱爲高級的能力，其理由在於，感性僅提供思維的材料，而知性則對這種材料作出安排，並把它置於規則或概念之下。

在上述直覺知識和論證知識之間，或直觀和概念之間的區別上，建立起知識的審美完善性和邏輯完善性的差異。

一種知識能夠是完善的，要麼按照感性的法則，要麼按照知性的法則；前者是在審美上完善，後者是在邏輯上完善。因此，審美上的完善性和邏輯上的完善性性質不同，前者攸關感性，後者攸關知性。知識在邏輯上的完善性基於它與客體的一致；因此基於普遍有效的法則，並因此也是按照先天的規範來評判。審美上的完善性在於知識與主體的一致，建立在人的特殊感性之上。因此，就審美的完善性而言，沒有一種客觀及普遍有效的法則先天地，使它以一種對所有一般存在者都普遍有效的方式受到評判。然而，如果感性的普遍法則也存在，這些法則即便不是客觀地並對一切一般思考著的存在者都有效，主觀上，卻畢竟對全人類有效，那也就可以設想一種審美的完善性，它包含著一種主觀上普遍愉悅的根據。這就是美，是在直觀中讓感官喜歡因此能爲一種普遍愉悅之物，因爲直觀的法則就是感性的普遍法則。

由於與感性普遍法則的這種一致，方式上，其本質在於純然形式上，真正的、獨立的美者就與適意者區別開來，後者僅於刺激或觸動產生的感覺中令人喜歡，因此也只能是一種純然的私人愉悅的根據。

正是這種根本的審美完善性，在所有完善性中與邏輯完善性相容，並與之結合地極好。

因此，從這方面來看，就那個本質上的美者而言的審美完善性就能有益於邏輯完善性。但在另一種考量中，它卻對邏輯完善性有害，若我們在審美完善性上只關注非本質的美者，那是在純然的感覺中令感官喜歡的刺激的或觸動的東西，並不與感性的純然形式相關，而是與感性的質料相關。因爲刺激和觸動最能敗壞我們的知識和判斷中的邏輯完善性。

總而言之，在知識的審美完善性和邏輯完善性之間，當然總有某種無法完全排除的衝突。知性願意受教，感性願意被激勵，知性渴望洞識，感性渴望領會。如果知識應當教人，它們就必須是縝密的；如果同時它們應當娛人，就必須也是美的。如果講授美但淺薄，它只能使感性喜歡，但不會使知性喜歡。反之，如果它縝密卻枯燥，則只能讓知性喜歡，而不能也使感性喜歡。

然而，在人性和知識通俗性的目的要求下，我們努力結合兩種完善性，如此一來，就必須使一般具有一種審美完善性的知識獲得這種完善性，並透過審美的形式使一種有條理的、邏輯上完善的知識通俗化。但是，在我們的知識中努力結合審美完善性與邏輯完善性時，不得忽略以下規則：1. 邏輯完善性是其餘一切完善性的基礎，因此完全不可從屬於任何別的完善性或被犧牲掉；2. 主要關注形式的審美完善性，即一種知識與直觀的法則的協調一致，因爲本質上的美者就在於此，它最能與邏輯完善性結合；3. 對於一種知識藉以影響感覺並對這種感覺保持一種興趣的刺激和觸動，必須十分謹慎，因爲顯而易見地，這很容易會把注意力從客體引向主體，由此必然對知識的邏輯完善性造成一種十分不利的影響。

※　※　※

爲使知識的邏輯完善性及審美完善性之間的本質性差異不僅止於一般上，且在許多特殊方面更爲清晰可辨，我們想在量、質、關係和樣式這四個要素上對二者進行比較。對知識完善性的評判就取決於以下四個要素：

一種知識：

1. 如果是普遍的，在量上就是完善的；
2. 如果是清晰的，在質上就是完善的；
3. 如果是眞的，在關係上就是完善的；
4. 最後，如果是確定的，在樣式上就是完善的。

因此，從上述觀點來看，一種知識如果具有客觀的普遍性（概念或規則的普遍性），在量上就是邏輯完善的；如果具有客觀的清晰性（概念中的清晰性），在質上就是邏輯上完善的；如果具有客觀的眞理性，在關係上就是邏輯上完善的；最後，如果具有客觀的確定性，在樣式上就是邏輯上完善的。

與這些邏輯完善性相應者，是與上述四個要素相關的如下審美完善性，亦即：

1. 審美的普遍性。這種普遍性在於可將一種知識運用於大批客體，這些客體是用做例子的，知識可以運用於這些例子，且由此可以同時用於通俗性的目的。

2. 審美的清晰性。這是直觀中的清晰性，之中，透過例子具體展示或闡明一個抽象思維的概念。

3. 審美的眞理性。一種純然主觀的眞理性，在於知識與主體和感官外表的法則一致，因而無非是一種普遍的外表。

4. 審美的確定性。這種確定性基於根據感官的見證而成爲必然之物，也就是說，其透過感覺和經驗獲得證實。

※　※　※

就剛剛列舉的完善性來說，總是出現兩種成分，它們在其和諧的結合中構成一般所謂的完善性，也就是：雜多性和統一性。對知性來說，統一性在於概念之中，對感官來說，統一性在於直觀裡。

沒有統一性的純然雜多性不能令我們滿足。因此，在所有完善性中，眞理性是主要的完善性，因爲它透過我們的知識與客體的關係而成爲統一性的根據。即便對審美的完善性來說，眞理性也總是conditio sine qua non〔必要條件〕，是最主要的否定性條件，沒有它，某種東西就不能普遍地受到鑑賞喜歡。因此，如果不以其知識中的邏輯完善性爲基礎，就沒有人可以指望在美的科學中前進。實際上，一般而言，在應當同時兼顧教人和娛人的知識方面，在邏輯完善性與審美完善性的最大可能的結合中，也表現出天才的特性與藝術。

六、知識的特殊邏輯完善性

（一）知識在量上的邏輯完善性——量——外延的量和內涵的量——知識的廣泛性和縝密性或重要性和有益性——對知識視野的規定

在雙重的意義上來說知識的量要麼是作爲外延的量，要麼是作爲內涵的量。前者與知識的範圍相關，因而在於知識的批量和雜多性；後者與知識的內容相關，內容涉及一種知識如果被視爲許多重結果的根據，其多效性或邏輯上的重要性和有益性（non multa sed multum〔不在於博，而在於精〕）。

在按照外延的量擴展或完整我們的知識時，最好估算一下，一種知識在多大程度上，與我們的目的和能力一致。這種考慮涉及我們對知識視野的規定，視野可以理解爲全部知識的量、主體的能力和目的的適應性。

視野可以：

1. 在邏輯上，按照與知性興趣相關的能力或認識力量來規定。在此我們可以評判：我們在自己的知識中能走多遠，還有必須走多遠，某些知識從邏輯學來看，在多大程度上，作爲手段，並用於作爲我們目的的這種或那種主要知識。

2. 在審美上，按照與情感興趣相關的鑑賞來規定。在審美上，規定自己視野的人，試圖按照公眾的鑑賞來安排科學，也就是說，使它通俗，或者一般而言，只獲取可以普遍傳達、就連不學無術的階層也能喜歡和感興趣的知識。

3. 在實踐上，按照與意志興趣相關的用途來規定。若按照一種知識對我們的道德具有的影響來規定實踐的視野，就是實用的且極爲重要的。

因此，視野涉及了：對人能夠知道什麼，可以知道什麼，以及他應當知道什麼的評判和規定。

※　※　※

現在，特別就理論或邏輯上被規定的視野來說，因爲在這裡只能談這種視野，我們要麼從客觀的觀點出發，要麼從主觀的觀點出發來進行考察。

就客體而言，視野要麼是歷史的，要麼是理性的。前者比後者廣闊得多，甚至大得不可測量，因爲我們的歷史知識沒有界限。反之，理性的視野可以固定下來，例如：可以規定數學知識不能擴展到哪一類的客體上。哲學的理性知識也一樣：在此，離開經驗的先天理性究竟能走多遠呢？

與主體相關者，視野要麼是普遍及絕對的視野，要麼是一種特別的和有條件的視野（私人視野）。

絕對及普遍的視野可被理解爲人的知識界限，其與一般上，人的全部完善性的界限完全一致。因此，在這裡的問題就是：作爲一般所謂的人，能夠知道些什麼？

對私人視野的規定取決於種種經驗性及特殊的考慮，例如：年齡、性別、地位、生活方式等。因此，每個特殊階層的人與其特殊的認識力量、目的和立場相關，都有其特殊的視野，每個人按其力量和立場的個體性標準，都有他自己的視野。最後，我們也可以設想一個健全理性的視野和一個科學的視野，而後者還需要一些原則，以便根據它們來規定，我們能知道和不能夠知道些什麼。

我們不能知道的東西，超出我們的視野，而我們可以不知道或不需要知道之物，則處在我們的視野之外。對於達到這些或那些特殊的私人目的來說，某些知識不僅毫無助益，甚至是有妨礙的，但上述後一種說法卻只能與此相關而相對有效。因爲儘管我們並不總能看出一種知識的用途，畢竟沒有一種知識在所有方面都完全沒有用處且不可使用。因此，對於勤勉地致力於科學的偉人們來說，如果毫無情趣之輩此際問道：這有什麼用？那便是一種既不睿智也不公正的責難。人們在想研究科學的時候，必然不止一次地提出這個問題。假定一門科學只能就某一可能的客體給出解釋，那麼，它已足夠有用了。任何邏輯上完善的知識總是有某種可能的用途，這種用途即便到了今天也不爲我們所知，又也許將被後代發現。如果人們在培植科學時總是只注重物質利益，注重科學的用途，我們就不會有算術和幾何學。此外，我們的知性也是這麼設置的，它在純然的洞識中就獲得滿足，比在由此產生的用途中獲得更多滿足。柏拉圖已經覺察到這一點。人在這時才感覺到自己的卓越性，感覺到什麼叫作有知性。沒有感覺到這一點的人必然會嫉妒動物。知識透過邏輯的完善性而產生的內在價値，是它的外在價值，這是在運用中的價值無法比擬的。

就像處在我們視野之外的東西，如果我們按照自己的意圖，視之爲對我們來說的多餘之物，彷彿可以不知道它一樣；在我們視野之下的東西，如果我們視之爲對我們有害的東西，就應當不知道它，這樣的知識在一種相對意義上，絕不能從絕對的意義去理解。

※　※　※

關於我們知識的擴展和劃界，可以推薦以下的規則：

人們必須：

1. 雖然儘早規定自己的視野，但當然只是到了自己能夠規定它時才做得到，這通常不會發生在二十歲之前。

2. 不輕易和經常地改變自己的視野（不從一個視野轉向另一個視野）。

3. 不用自己的視野去衡量別人的視野，且不認爲對我們毫無用處的東西就是無用之物；去規定別人的視野是魯莽的，因爲人們既沒有充分了解別人的能力，也沒有充分了解別人的意圖。

4. 既不過於擴展也不過於限制自己的視野。因爲想知道太多的人，最終將一無所知，反之，相信一些事物與自己毫無關係的人，經常騙了自己，例如：哲學家相信，歷史對他來說是多餘的。

人們也試圖：

5. 預先規定全人類（就過去和未來的時代而言）的絕對視野。

6. 就像也特別地規定，我們的科學在全部知識視野中的地位，作爲各門科學一覽表（Mappe-monde〔世界地圖〕）的大百科全書就是致力於此。

7. 在規定自己的特殊視野本身時，要仔細檢驗：自己對知識的哪一部分最有能力和感到愉悅，就某些義務而言，什麼是或多或少必須的，什麼與必然的義務不能共存。

8. 最後，總是試圖擴展甚於收縮自己的視野。

總而言之，關於知識的擴展，不必擔憂達蘭貝爾關於它所擔憂的東西。因爲不是負擔在壓迫我們，而是我們知識的空間容積在限制我們。理性、歷史和歷史著作的批判，不僅在細節上大大地攸關人的知識的普遍精神，也總是縮小範圍，而不是在內容上減少什麼。從金屬上脫落的只是渣滓，或者無關緊要的載體、迄今尚需要的外殼。隨著自然史、數學等的擴展，新方法將被發明出來，它們將簡化舊的東西，使大量書籍成爲多餘的。基於這樣一些新方法和原則的發明，我們將能不使記憶負擔過重，而能借助它們任意發現一切。因此，以能夠永存的理念來把握歷史的人，將像天才那樣爲歷史做出貢獻。

※ ※ ※

在範圍方面，與知識的邏輯完善性相對立的是無知。這是一種消極的不完善性或者匱乏的不完善性，由於知性的局限性，它與我們的知識依然不可分離。

我們從一種客觀的觀點和一種主觀的觀點來考察無知。

1. 客觀來說，無知要麼是質料的無知，要麼是形式的無知。前者在於欠缺歷史知識，後者在於欠缺理性知識。人們不在任何一個專業中一無所知，卻爲了更致力於理性知識而限制歷史的知識。

2. 或者反過來在主觀意義上，無知要麼是一種學識上、科學上的無知，要麼是一種普通的無知。清晰地看出知識的局限，因而看出其由以開始的無知領域的人，例如：看出並證明人們由於缺乏必要的材料而在金的結構方面所知甚少的哲學家，是在藝術上以一種學識的無知。反之，看不出知識界限的根據，且對此漠不關心的人，就是以一種普通的、而非科學方面的無知。這樣一個人從來不知道自己一無所知。因爲除非透過科學，否則人們不能設想自己無知，就像一個盲人，除非復明，否則不能設想黑暗一樣。

因此，以科學爲前提條件，無知的知識同時使人謙虛；反之，自負的知識則自吹自擂。這樣，蘇格拉底的無知就是一種值得稱頌的無知，眞正說來，他按照自己承認，這是對無知的一種知。因此，對於擁有許多知識、儘管如此卻對大量自己不知道的東西感到驚奇的人，恰恰不適用無知的責難。

總而言之，就其知識超越我們視野的事物來說，無知是無可指責的（inculpabilis），就我們的知識能力的思辨應用而言，如果在此，對象雖然不超越我們的視野，但畢竟處在我們的視野之外，則無知是能允許的（儘管也只是在相對意義上）。但是，在我們很有必要且又容易知道的事情上，無知就是可恥的。

不知道某種東西和無視，亦即不注意某種東西是有區別的。對許多知道了對我們不好的東西，無視是一件好事。與二者不同的還有抽象。但是，人們在無視一種知識的運用時，就是在抽象這種知識，由此人們抽象地獲得它，並能普遍地將它作爲原則來進行更好地考察。對在認識一件事物時不屬於我們意圖的這樣一種抽象，是有用的和値得稱讚的。

通常，理性教師在歷史方面是無知的。

沒有明確界限的歷史知識就是博聞，這種博聞自吹自擂。博學攸關理性知識。而既有擴展得沒有明確界限的歷史知識又有理性知識，就可以叫做全知。關於學問的工具的科學——語文學屬於歷史知識，它自身包含著對書籍和語言的一種批判知識（文獻學和語言學）。

純然的博聞是一種獨眼巨人式的學問，它缺少一隻眼睛，即哲學的研究；所謂數學家、歷史學家、博物學家、語文學家和語言學家的獨眼巨人，就是一名在所有這些事情上都有長處，但卻認爲一切哲學在這方面都是多餘的學者。

人們把古文獻學理解爲對古人的知識，它構成語文學的部分，促進科學與鑑賞的結合，去蕪存菁，促進人道所在的擅於交際和溫文爾雅。

因此，古文獻學涉及在按照古人的典範用於培養鑑賞事物上的一種指導。屬於此列的例如：辯才、詩藝、博覽經典作家等。所有這些人文主義知識都可以算做語文學的實踐，其目的首先在於鑑賞教育。但是，如果我們把純然的語文學家與人文主義者分開，那麼，二者的區別在於，前者在古人那裡尋找學問的工具，後者與此相反，尋找鑑賞教育的工具。

美文學家（bel esprit）是在活語言中遵循同時代典範的人文主義者。因此，他不是學者，因爲如今，只有死語言才是學識語言，而僅是一個鑑賞知識追逐時髦、無須古人的半吊子。人們可以把他稱爲人文主義者的猴子。博聞者作爲語文學家，必須是語言學家和文獻學家，而作爲人文主義者必須是經典學家和詮釋者。語文學家是有文化的，人文主義者則是文明的。

※ ※ ※

就科學而言，有兩種流行鑑賞的蛻化：學究氣和媚俗。前者推進科學，純然是爲了學院，由此其應用方面限制了科學；後者推進科學，純然是爲了交際或世俗，由此在內容方面限制了科學。

學究要麼作爲學者，與善於處世的人相對立，就此而言他不具處世知識，亦即是對把自己的科學傳達給人的方式沒有知識的傲慢學者，要麼固然被視爲一般而言有才幹的人，但卻只是在形式上，而非就本質和目的而言。在後一種意義上，他是一個死摳形式的人；就事情的核心而言有所局限，只關注服裝和外表。他是有條理的人的失敗模仿和漫畫。因此，人們也可以把學究氣稱爲在形式上，挖空心思的認眞和無用的精確（瑣碎）。這樣一種學院之外的學院方法形式，不僅在學者和學術上，且在其他階層和其他事情上也能遇到。宮廷裡、交際中的禮儀，若非追逐形式和過分挑剔，則是什麼？在軍隊裡則不完全如此，儘管看起來是這樣。但在談話中，衣著、飲食、宗教中，許多學究氣經常流行著。

形式上的一種合乎目的的精確是縝密（合乎學術的、學院派的完善性）。因此，學究氣是一種矯揉造作的縝密，就像媚俗，作爲一個純然的鑑賞掌聲的追求者，無非是一種矯揉造作的通俗性罷了。因爲媚俗只是力圖博得讀者的好感，所以決不用費解的語詞冒犯讀者。

要避免學究氣，不僅需在科學本身，且在科學的應用方面都要有廣博的知識。因此，唯有眞正的學者才能擺脫學究氣，學究氣始終是狹隘頭腦的屬性。

在致力於使我們的知識兼具學院派的縝密又有通俗的完善性，且不陷入一種矯揉造作的縝密或一種矯揉造作的通俗的上述錯誤時，必須首先關注我們知識學院派的完善性，即合乎學術的縝密形式，然後才關心，我們如何有條理地在學校裡將學到的知識眞正通俗化，也就是說，使之能如此容易且普遍地傳達給別人，使得縝密免於遭到通俗性排擠。因爲切不可爲了通俗的完善性，爲了取悅民眾，而犧牲學院派的完善性，沒有學院派的完善性，一切科學不過是玩具和遊戲罷了。

但是，爲了學習眞正的通俗性，必須讀古人的作品，例如：西塞羅的哲學作品，讀賀拉斯、維吉爾等詩人的作品；近代人之中，讀休謨、莎夫茨伯利和其他更多與高雅社會有多方面交往的人的作品，沒有這種交往，人們就不能通俗。因爲眞正的通俗性要求許多實際的處世知識及處人知識，要求對人的概念、鑑賞和偏好的知識，在闡述時，甚至在選擇得體、適合通俗性的表述時，始終要考慮這些知識。在對公眾理解力和習慣表述作出這樣一種俯就（隨和）時，不是把學院派的完善性放在最後，而是僅這樣安排思想的表達，使人們看不到草圖，即那種完善性的合乎學術的和技術的東西（就像人們用鉛筆劃線，在線上書寫，此後把線擦掉一樣），事實上，知識的這種眞正通俗的完善性是一種偉大且罕見的完善性，它表現出對科學的諸多洞識。除了許多其他功績之外，這種完善性還有一種功績，即它能夠爲完整了解一件事情提供證明。因爲對一種知識的純然學院派檢驗還留下懷疑：檢驗是不是片面的？知識本身是否也具有一種所有人都歸給它的價值？學院和普通知性一樣具有其成見。在此，一方糾正另一方。因此，重要的是，在其知性不依附於任何學院的人那裡去檢驗一種知識。

知識憑藉它的這種完善性，獲得了可以輕易且普遍地傳達的資格，人們也可以把這種完善性稱爲一種知識的外部延伸或外延的量，只要它在外部許多人之間傳播。

※　※　※

既然知識如此多且雜，最好制訂一項計畫，依照它來整理各門科學，使之與自己的目的達成極好的協調，並有助於促成這些目的。一切知識彼此都處於某種自然的聯結之中。如果人們在致力於擴展知識時不關注它們的這種聯繫，那麼，無論知識如何淵博，都無非是純然的史詩吟唱。但是，若人們以一門主要科學爲目的，而把所有其他知識都僅視爲達到這門科學的手段，那就使得自己的知識有某種系統的性質了。因此，爲了在擴展自己的知識時按照這樣一種井然有序且合乎目的的計畫著手工作，人們必須力圖認識彼此之間的那種聯繫。科學的建築術爲此提供指南，它是一個遵循理念的體系，之中，各門科學就其親緣關係和系統的結合而言，在人類感興趣的知識整體中被考察。

※　※　※

但是，特別就知識的內涵的量，亦即知識的內容或其多效性和重要性而言，如上述所說明，它與外延的量，即其純然的廣泛性有本質上的區別，對此我們再作出如下說明：

1. 在知性的使用中若涉及宏觀，亦即整體的知識，則應當與微觀的細膩（瑣碎）有所區隔。

2. 任何在形式上促成邏輯完善性的知識，例如：任何數學命題，任何清晰了解的自然法則，任何正確的哲學解釋，都可被稱爲邏輯上重要的。人們不能去預見實踐的重要性，而是必須等待它。

3. 切記，不可把重要性與困難混爲一談。一種知識可能是困難的，卻並不重要，反之亦然。因此，困難既不有利於也非無利於一種知識的價值和重要性。重要性是基於結果的重大和眾多。一種知識具有的結果越多則越重大，可就其做的應用越多就越重要。一種沒有重要結果的知識叫做苦思冥想，例如：經院哲學就是這類知識。

（二）知識在關係上的邏輯完善性——真理性——質料的真理性及形式的或邏輯的真理性——邏輯真理性的標準——虛假和錯誤——作為錯誤源泉的假象——避免錯誤的方法

知識的主要完善性，乃至知識的一切完善性之本質和不可分離的條件，就是真理性。人們說，眞理在於知識與對象的一致。因此，依照這種純然的字面解釋，我的知識要被視爲眞的，就應當與客體一致。但現在，唯有透過我認識客體，才能把客體與我的知識進行比較。因此，我的知識應當自證自明，但這還遠遠不足以成爲眞理。因爲既然客體在我之外，知識在我之內，我畢竟總是只能評判：（我關於客體的知識是否與我關於客體的知識一致）解釋上的這樣一個圓圈，古人稱之爲循環論證。實際上，懷疑論者也總是指責邏輯學家有這種缺點，他們評論道：對眞理的那種解釋，就如同某人在法庭上陳述，並援引一個沒人認識的證人，但後者還斷言，那個援引他的人是一個誠實的人，來使自己成爲値得信任的。當然，這種指控是有根據的。只不過，要解決上述課題卻是不可能的，任何人都不可能。

也就是說，這裡所問的是：是否及在怎樣的程度上有一種可靠、普遍且可以應用的眞理標準？因爲這應當指向個問題：什麼是真理？

爲了能夠裁定這個重要問題，我們必須把知識中，屬於其質料並與客體相關之物，和涉及純然的形式——作爲條件，少了它，一種知識根本不會成爲所謂的知識——之物明確區別開來。因此，考慮到我們知識中客觀的、質料的關係和主觀的、形式的關係之間的區別，上述問題分爲以下兩個特殊問題：

1. 有普遍的、質料的眞理標準嗎？
2. 有普遍的、形式的眞理標準嗎？

一種普遍的、質料的眞理標準不可能存在；那甚至是自相矛盾的。因爲作爲一個普遍的、對所有一般而言的客體有效的眞理標準，它必須完全抽掉客體的一切區別，且同時作爲一種質料的標準恰恰與這種區別相關，以便能夠規定：一種知識是否恰恰同它與之相關的客體，而不是與任何一個一般客體——其實根本不能說與這個客體——一致。但是，質料的眞理必須在於一種知識和它與之相關的確定客體上一致。因爲一種就一個客體而言爲眞的知識，可能之於其他相關的客體就是虛假的。因此，若要求一個普遍的、質料的眞理標準，則應當同時抽掉又不抽掉客體的一切區別，這是荒唐無稽的。

但是，如果問的是普遍的、形式的眞理標準，那麼，在此就容易作出裁定，且當然可能有這類標準。因爲形式的眞理僅在於知識與自身一致，完全抽掉一切客體，還有抽掉客體的一切區別。據此，普遍的、形式的眞理標準就無非是知識與自己本身一致或者——換句話說——與知性和理性的普遍法則一致的普遍邏輯特徵。

儘管對於客觀眞理來說，這種形式的、普遍的標準當然不充分，但畢竟可被視爲其 conditio sine qua non〔必要條件〕。

因爲在「知識是否與客體一致」的這個問題之前，必須先有「它是否與自身（在形式上）一致」的問題。而這就是邏輯學的事情。

邏輯學中，形式的眞理標準就是：

1. 矛盾律。

2. 充足理由律。

一種知識的邏輯可能性透過前者來規定，其邏輯現實性則透過後者來規定的。

也就是說，屬於一種知識的邏輯眞理性有：

首先，它在邏輯上是可能的，也就是說，不自相矛盾。但是，內在的邏輯眞理性的這個標誌只是否定性的；因爲一種自相矛盾的知識固然是虛假的，但不自相矛盾的知識卻並不總是眞的。

其次，它在邏輯上是有根據的，也就是說，它(1)有所根據，而且(2)沒有虛假的結果。

外在的邏輯眞理性或知識的合理性的此二者，涉及一種知識與根據，其和結果邏輯的聯繫標準是肯定的。在這裡，還有如下規則生效：

1. 從結果的真理性可以推論到作為根據的知識的真理性，但只是否定性地推論：如果從一種知識得出虛假的結果，則該知識本身就是虛假的。因爲如果根據是眞的，結果必然也是眞的，因爲結果是由根據來規定。

但是，人們卻不能反過來推論：如果從一種知識中沒有得出虛假的結果，則該知識就是眞的；因爲人們也可以從一個虛假的根據引出眞的結果。

2.如果一種知識的所有結果都是眞的，那麼該知識就也是眞的。因爲如果在該知識中有某種虛假之物，則也必定出現一種虛假的結果。

因此，從結果固然可以推論到一個根據，但卻不能規定這個根據。唯有從一切結果的總和，人們才能推論到一個確定的根據，即這個根據是眞的根據。

按照前一種推論方式，結果只能成爲一種知識眞理性的否定地和間接充分的標準，在邏輯學中，這種推論方式叫做間接證明的推論方式（modus tollens（否定式））。

在幾何學中被頻繁使用的這種程式，有一種優點，即爲了證明一種知識的虛假性，我只需從它引出一個虛假的結果。例如：爲了闡明地球不是平的，我無須提出肯定的和直接的根據，只需間接推論出：如果地球是平的，則北極星就必須總是同樣高；現在，北極星並不是這種情況，所以地球不是平的。

對另一種肯定的和直接的推論方式（modus ponenes（肯定式））來說，就出現了困難，即不能確切無疑地認識到結果的全體，因此上述推論方式，只能導向一種或然的和假設爲眞的知識（假說），其前提條件是：在有許多結果爲眞的地方，其餘結果可能也都是眞的。

因此，在此我們可以提出三條原理，以作爲普遍的、純然形式的或邏輯的眞理標準：

1.矛盾律和同一律（principium contradictionis und identitatis），一種知識對於或然

判斷的內在可能性由它得到規定。

2. 充足理由律（principium rationis sufficientis），一種知識的（邏輯的）現實性就基於它，即它作爲實然判斷的材料是有根據的。

3. 排中律（principium exclusi medii inter duo contradictoria），一種知識對於必然判斷的（邏輯的）必然性——即必須這樣而不是那樣來判斷，也就是說，反面是虛假的——就基於它。

※ ※ ※

眞理的反面是虛假，若虛假被視爲眞理，就叫做錯誤。因此，一個錯誤的判斷——因無論錯誤或眞理都只存在於判斷中——就是把眞理的假象與本身混爲一談的判斷。

眞理如何可能，這很容易看出來，因爲在此，知性按照它的根本法則來行動。

但是，錯誤在該詞的形式意義上，亦即思維的反知性形式如何可能，卻是難以理解的，就像一般而言，無法理解某種力量會背離它自己的根本法則一樣。因此，我們不能在知性本身及其根本法則中尋找錯誤的根據，也不能在知性的侷限中尋找，儘管無知的原因在知性的侷限中，但錯誤的原因卻絕不在其中。如果除了知性，我們沒有別的認識能力，我們就絕不會犯錯了。然而，除了知性，我們還有另一種不可或缺的知識源泉——感性。感性我們思維的材料，並在此時按照與知性不同的法則起作用。但是，感性就自身單獨來看，從中也不可能產生錯誤，因爲感官根本不作判斷。

因此，一切錯誤的產生根據將必須僅在感性對知性之未被察覺的影響中，或更精確地來說，在判斷中尋找。也就是說，這種影響造成：我們在判斷中把純然主觀的根據視爲客觀的根據，因而把純然的真理假象與真理本身混爲一談。因爲根據的假象既是如此產生，其本質正在於把一個虛假的知識視爲眞的。

因此，使錯誤成爲可能者，就是假象。在判斷中，純然主觀之物按照假象與客觀之物混爲一談。

在某種意義上，人們也大可使知性成爲錯誤的始作俑者，也就是說，若知性沒有注意到自己對感性的那種影響力，而受由此產生的假象誘導，把判斷的純然主觀的規定根據視爲客觀的規定根據，把僅按照感性的法則爲眞之物視爲按照它自己的法則爲眞的的話。

據此，唯有無知的過失才在於知性的侷限，而錯誤的過失應當歸於我們自己。儘管自然拒絕給予我們許多知識，使我們對某些東西處在一種不可避免的無知之中，但它畢竟不造成錯誤。把我們誘導到錯誤的，是我們自己——即便由於自己的侷限而沒有能力作判斷和作裁定之處，也要作出現判斷與裁定的癖好。

※　　※　　※

但是，人的知性可能陷入的一切錯誤，都是局部的，在任何錯誤的判斷中都必然總有某種正確的東西。因爲全然的錯誤會與知性和理性的法則完全衝突。錯誤，作爲全然的錯誤，怎能以某種方式來自知性，而且它畢竟是一個判斷，怎能被視爲知性的一個產物！

考慮到我們知識中的眞者和誤者，我們把精確的和粗糙的知識區別開來。

一種知識如果符合自己的客體，或如果就自己的客體而言，沒有發生絲毫錯誤，它就是精確的；如果其中可能有誤，但無礙於意圖，它就是粗糙的。

這種區別涉及我們知識的較寬泛的或較嚴格的規定性（cognitio late vel stricte determinata）。起初，在一個較寬泛的範圍規定（late determinare）知識，特別是就歷史事物而言，有時是必要的。但在理性知識中，一切都必須精確地（stricte）規定。對於寬泛的規定，人們說：一種知識是praeter propter〔近似地〕規定的。一種知識應當是粗糙或精確地規定，總是取決於該知識的意圖。寬泛的規定總是爲錯誤留下活動空間，但錯誤畢竟能有其確定的界限。錯誤特別出現在把寬泛的規定當作嚴格的規定之處，例如：在道德性事務中，一切都必須嚴格規定。不這樣做的人，英國人稱之爲放任自由者。

人們還可以把作爲知識的一種主觀完善性的細膩與作爲知識的一種客觀完善性的精確——因爲知識在此與客體完全吻合——區別開來。

對一件事情的知識，如果人們在其中揭示出別人通常注意不到的東西，就是細膩的。因此，它要求更高程度的注意，耗費更多知性的力量。

許多人因爲達不到細膩，而指責一切細膩。但是，細膩就自身而言，總是給知性造成榮耀，甚至是有功且必要的，只要它被運用於一個值得觀察的對象。但是，如果在用知性的一種較小的注意和努力就能達到同一目的時，卻在這上面顯得細膩，那就是在做無用的耗費，並陷入固然困難卻毫無用處的細膩（nugae difficiles〔困難的瑣事〕）。

就像粗糙與精確的對立一樣，粗笨與細膩也相對立。

※　※　※

錯誤的概念中，如我們所說明，除了虛假之外，作爲一個本質的特徵還包含著眞理的假象。錯誤的本性中，我們知識的眞理性產生如下重要的規則：

爲了避免錯誤——至少沒有錯誤是絕對或完全不可避免的，儘管對我們來說，不可避免地，在甚至要冒著犯錯的危險作出判斷的場合裡，錯誤或許不可避免——因此，爲了避免錯誤，人們必須試圖揭露和解釋錯誤的源泉，即假象。但是，做過這件事的哲學家極少。他們只是試圖反駁錯誤本身，而不去指明錯誤由以產生的假象。但是，與直接反駁錯誤本身相比，對假象的這種揭露和化解是對眞理的一種大得多的功績；透過直接反駁錯誤，人們並不能堵塞錯誤的源泉，並防止由於不認識假象，就讓同一假象在別的場合又誘導向錯誤。因爲即便我們確信自己犯了錯誤，假如作爲我們錯誤基礎的假象本身未被消除，我們就依然心懷疑慮，就像我們也不能提出什麼爲它們辯解一樣。

此外，透過對假象的解釋，人們也使犯錯者獲得一種公正。因爲沒有人會承認，他在沒有任何眞理假象的情況下犯錯了，因爲取決於主觀的根據，假象也許還能欺騙一個敏銳的人。

在假象即便對普通的知性（sensus communis）也顯而易見時，有種錯誤叫愚蠢或者荒唐。被指責爲荒謬總是一種必須避免的人身攻擊，特別是在反駁錯誤的時候。因爲對於主張一件荒唐之事的人來說，甚至這種明顯立基於虛假的假象也不是明顯的。人們首先必須使假象對他明顯。如果在此之後他依然固執己見，那他當然是愚蠢的了；但在這種情況下，對他也就沒什麼可說的了。由此，他使自己既沒能力也不配對待任何進一步的指正和反駁。因爲眞正說來，人們不能向一個人證明他是荒唐的；在這裡，一切理性思維都是徒勞的。如果人們證明了荒唐，那人們就不是在與執謬的人，而是在與有理性的人對話了。但在這裡，沒有必要去揭露荒唐（deductio ad absurdum〔歸謬法〕）。

人們也可以把一種愚蠢的錯誤稱爲沒有任何東西能爲之辯護的錯誤，就連假象也不能；就像粗笨的錯誤是一種證明在普通知識上無知或違反普通注意的錯誤一樣。

原則上的錯誤比原則運用中的錯誤更爲嚴重。

※　※　※

一個眞理的外在特徵或外在試金石，是我們自己的判斷與他人判斷的比較，因爲主觀的東西不是以同樣的方式寓於所有他人那裡，因而假象就能夠由此得到解釋。因此，他人的判斷與我們的判斷無法一致，可被視爲錯誤的一個外在特徵，被視爲一種暗示，去檢查我們在判斷中的程式，但並不是因此而立刻拋棄它。因爲這件事情上可能有所道理，只是在風格上，亦即在講授上不恰當。

要避免有技藝的知性應用的錯誤，普通的人類知性（sensus communis）就自身而言，也是一種試金石。這就是說，如果人們把普通知性作爲樣品來評判思辨知性的正確性，就是在思維中或在思辨的理性應用中透過普通知性來取向。

※　※　※

總而言之，避免錯誤的普遍規則和條件如下：1.自己思維。2.在一個他者的位置上思維。3.任何時候都與自己一致地思維。人們可以把自己思維的準則稱爲啓蒙了的思維方式，把在思維中置身於他人觀點的準則稱爲擴展了的思維方式，把任何時候都與自己一致地思維的準則稱爲一以貫之或連貫的思維方式。

（三）知識在質上的邏輯完善性——清楚——一般特徵的概念——不同種類的特徵——事物的邏輯本質的規定——邏輯本質與實在本質的區別——審美的清晰性和邏輯的清晰性——區別分析的清晰性和綜合的清晰性

人的認識在知性方面是論證的，也就是說，它是透過表象發生的，表象使許多事物共有的東西成爲知識的根據，因而認識就是透過作爲表象的特徵發生的。所以，我們的知識透過特徵來認識事物，這就叫作由識別而來的認識。

特徵是一個事物中構成對該事物的知識之一部分的那種東西，或者說——這是一回事——是一個局部表象，只要這個表象被視為整個表象的知識根據。據此，我們的所有概念都是特徵，而一切思維無非是透過特徵來表象。

每一個特徵都可以從兩方面來考察：

首先，作爲表象自身；

其次，作爲從屬的，就像一個分概念那樣，從屬於一個事物的整個表象，並由此而作爲該事物本身的知識根據。

一切特徵，作爲知識根據來看，都有雙重的應用，要麼是一種內在的應用，要麼是一種外在的應用。內在的應用在於推導，爲的是透過作爲其知識根據的特徵來認識事物本身。外在的應用在於比較，只要我們能透過特徵，按照同一或差異的規則進行一個事物與另一事物的比較。

※ ※ ※

在特徵之間，有種種特殊的區別，以下的特徵分類就建立在這些區別之上：

1. 分析的特徵或綜合的特徵。前者是我的現實的概念的分概念（我在現實的概念中已經思維它們），反之，後者是僅僅可能的整個概念的分概念（因此，整個概念是透過許多部分的綜合而產生）。前者全都是理性概念，後者則可能是經驗概念。

2. 同位的特徵或隸屬的特徵。這種對特徵的劃分涉及它們相繼的聯結或相屬的聯結。

如果每一個特徵都被表象爲事物的直接特徵，那就是同位的，如果事物上的一個特徵唯有借助另一個特徵才被表象，那就是隸屬的。同位元的特徵結合爲概念的整體，叫作集合，隸屬的特徵結合則叫作系列。前者，即同位元的特徵的集合構成概念的整體性，但後者在綜合的經驗性概念方面永遠不能是完成了的，而是類似一條沒有界限的直線。

隸屬的特徵的系列a parte ante〔往前看〕，或者在根據方面，將遇到不可分解的概念，這些概念由於其單純性而不能再分析；反之，a parte post〔往後看〕，或者在結果方面，它是無限的，因為我們固然有最高的genus〔類〕，卻沒有最低的species〔屬〕。

在同位元的特徵的集合中，外延的或廣度的清晰性隨著每個新概念的綜合而增長，就像在隸屬的特徵的系列中，內涵的或深度的清晰性隨著對概念的進一步分析而增長一樣。後一種清晰性由於必然用於知識的縝密和連貫，所以主要是哲學的事情，特別是在形而上學的研究中最爲提倡。

3. 肯定的特徵或否定的特徵。透過前者，我們認識到事物是什麼，透過後者，則認識到事物不是什麼。

否定的特徵用於防止我們犯錯。因此，它們在不可能犯錯的地方就是不必要的，唯有在它們能防止我們犯可能輕易陷入的重大錯誤的場合裡，它們才是必要且重要的。例如：就關於一個像上帝這樣的存在者的概念而言，否定的特徵就是十分必要和重要的。

因此，我們透過肯定的特徵，想理解某種東西，透過否定的特徵——人們可以把所有特徵全都轉變成否定的特徵——則只是想不誤解，或只是想不在其中犯錯，儘管我們沒有從中了解任何東西。

4. 重要且有益的特徵或空洞的和不重要的特徵。

如果一個特徵，在部分地就它的內在應用，即推導中的應用而言，只要它足以使人由此大大地認識事物本身；在部分地考慮到它的外在應用，即比較中的應用時，只要它用於既認識一個事物與許多別的事物的相似及差異，並爲重大且眾多的結果的知識根據時，它就是重要的和有益的。

此外，我們在此必須把邏輯上的重要性和有益性與實踐上的重要性和有益性、有用性和可用性區別開來。

5. 充分的和必然的特徵或不充分的和偶然的特徵。

一個特徵，如果足以在任何時候把事物與所有別的事物區別開來，就是充分的；否則就是不充分的，例如：狗吠聲的特徵。但是，特徵的充足性與重要性一樣，都只能在相對的意義上來規定，並且得攸關知識預期的目的。

最後，必然的特徵是在表象事物時任何時候必定都能發現的特徵。這類特徵也叫本質的特徵，與非本質的和偶然的特徵相對立，後者能與事物的概念分離。

但是，在必然的特徵中，還有一種區別。

必然的特徵中，有些特徵作為同一事物的其他特徵的根據而屬於事物，另一些則與此相反，只是作為其他特徵的結果而屬於事物。

前一些是原始的和建構性的特徵（constitutiva, essentialia in sensu strictissimo〔在最嚴格的意義上根本的、本質的特徵〕），另一些叫做屬性（consectaria, ratioata〔隨之而來的、推論出來的特徵〕），固然也屬於事物的本質，但只是就它們必然從事物的那些本質成分推導出來而言，例如：一個三角形概念中的三個角就必然得從三條邊中推導出來。

非本質的特徵又有兩種，它們要麼涉及一個事物的內在規定（modi），要麼涉及其外在關係（relationes）。例如：學問的特徵就標誌著人的內在規定。是主人還是奴隸，則只是人的一種外在關係。

※ ※ ※

就同位或隸屬而論，一個事物的所有本質成分的總和或其特徵的充足性，就是本質（complexus notarum primitivarum, interne conceptui dato sufficientium; s. complexus notarum, conceptum aliquem primitive constituentium〔已知的原始的、內在地對於被給予的概念來說，充足的特徵的總和，或已知的原始地建構某個概念的特徵的綜合〕）。

但在作出這種解釋時，我們在這裡切不可想到事物的實在本質或自然本質，那是我們在任何地方都看不出來的。因爲既然邏輯學抽掉了知識的一切內容，因而也抽掉了事物本身，在這門科學中就只能談論事物的邏輯本質。這是我們可以輕而易舉看出的。因爲屬於邏輯本質的，無非是所有謂詞的知識，就它們而言，一個客體透過其概念而被規定；而不是透過事物的實在本質（esse rei）來要求那些謂詞的知識；屬於該事物的存在的一切都取決於那些謂詞，並以它們作爲規定的根據。例如：如果我們想規定物體的邏輯本質，根本沒有必要到自然中爲此搜尋材料；我們可以把我們的反思僅指向作爲本質成分（constitutiva, rationes〔建構性的成分，根據〕）原初建構物體之基本概念的特徵。因爲邏輯本質甚至本身，無非是一個事物之一切必然特徵的第一基本概念（esse conceptus）。

※ ※ ※

因此，我們的知識在質上的完善性的第一級別是它的清楚。第二級別或更高程度的清楚就是清晰性。清晰性在於特徵的清楚。

在此，我們必須首先把所謂邏輯的清晰性與審美的清晰性區別開來。邏輯的清晰性基於特徵的客觀的清楚，審美的清晰性則基於其主觀的清楚。前者透過概念而清楚，後者透過直觀而清楚。因此，後一種清晰性在於純然的生動和可理解性，也就是說，在於透過具體的例子而來的純然清楚（因爲許多東西是可理解的，卻不清晰，反過來，許多東西是清晰的，卻難以理解，因爲它一直追溯到遙遠的特徵，這些特徵與直觀的聯結唯有透過一個長長的系列才有可能）。

客觀的清晰性常引起主觀的模糊，反之亦然。因此，並不罕見地，邏輯的清晰性唯有損害審美的清晰性才有可能，反之，透過並非精確地適合，而是僅按照一種類比來作爲例子和比喻而產生的審美的清晰性，往往有害於邏輯的清晰性。此外，一般來說例子不是特徵，並非部分屬於概念，而是作爲直觀僅屬於概念的應用。因此，透過例子產生的清晰性，純然的可理解性，完全不同於透過作爲特徵的概念而產生的清晰性。明晰就在於二者，即審美的或通俗的清晰性與學院派的或邏輯的清晰性的結合。因爲人們認爲，明晰的頭腦就是對抽象的和縝密的知識作出一種明明白白的、適合普通知性的領會能力的表述才能。

接著，特別就邏輯的清晰性而言，它可被稱爲一種完備的清晰性，只要共同構成整個概念的一切特徵都達到清楚的程度。一個完備地或完滿地清晰的概念能夠如此，要麼是就它的同位元的特徵的完整性而言，要麼是考慮到它的隸屬的特徵的完整性。一個概念的外延上完備的或充分的清晰性，也叫周詳，在於同位元的特徵的完整清楚。隸屬的特徵的完整清楚構成內涵上完備的清晰性，即深邃。

前一種邏輯的清晰性也可以被稱爲特徵清楚的外在的完備性（completudo externa），

63

就像另一種可以被稱爲特徵清楚的內在的完備性（completudo interna）一樣。後者只能從純粹的理性概念及從任意的概念獲得，但不能從經驗性的概念獲得。

清晰性的外延的量，只要不過分，就是準確（確切）。周詳（completudo）和確切

（praecisio）共同構成適當（cognitionem, quae rem adaequat〔與事物相當的知識〕）；而一種知識圓滿的完善性（consummata cognitionis perfectio）就在於（質上）內涵上適當的知識，在於深邃，與周詳和準確中外延上適當的知識相結合。

※　※　※

既然如我們所說明，使清楚的概念成為清晰的，是邏輯學的工作，所以接下來要問的就是：邏輯學以什麼方式使清楚的概念成爲清晰？

出自沃爾夫學派的邏輯學家們認爲，一切使知識清晰的工作僅在於分析知識。然而，不是一切清晰性都基於對一個被給予的概念的分析。由分析產生的清晰性僅是就我們已在概念中思考的特徵而言，但絕不是考慮到其作爲整個可能概念的部分才加到概念上的特徵。

這種並非透過特徵的分析，而是透過其綜合而產生的清晰性，就是綜合的清晰性。因此，在「製成一個清晰的概念」和「使一個概念清晰」這兩個命題之間，有著本質上的不同。

因爲當我製成一個清晰的概念時，我是從部分開始，並從這些部分前進到整體。在這裡，還沒有特徵現成地存在；我是透過綜合才得到它們。因此，從這種綜合的方法中產生綜合的清晰性，透過在（純粹的或經驗性的）直觀中作爲特徵，附加在我的概念上而在內容上現實地擴展我的概念。數學家，還有自然哲學家也使用在使概念清晰上的這種綜合的方法。因爲眞正數學的知識及一切經驗知識的所有清晰性，都是透過特徵的綜合而產生的一種知識擴展。

但是，當我使一個概念清晰時，透過這種純然的分析，我的知識根本沒有在內容上增長。內容還是一個樣，只是形式改變了，因爲我只是把已經處在被給予概念中的東西更好地區別開來，或者學會以更清楚的意識來認識它。就像僅照亮一幅地圖並沒有給它增添任何東西一樣，僅憑藉分析其特徵來澄清一個被給予的概念，而沒有對這個概念有所增加。

綜合是使客體清晰，分析是使概念清晰。後者是整體走在部分前面，前者是部分走在整體前面。哲學家只使被給予的概念成爲清晰。有時，人們使用綜合的方法，即使人們想以這種方式使之清晰的概念已經被給予。這經常發生在經驗命題中，只要人們對一個被給予的概念中已經思考的特徵尚不滿足。

邏輯學唯一能夠從事的產生清晰性的分析方法，是在使我們的知識清晰時的第一要求和最主要要求。因爲關於一個事物的知識越清晰，這項知識也就越堅實、有效。只不過，分析切不可走得如此之遠，以至於最終對象本身消失。

如果我們意識到我們知道的這一切，就必然對我們的知識量之大感到驚異。

※　※　※

就我們所謂知識的客觀內容而言，可以設想如下等級，知識在這個方面能按這些等級而有所提高：

知識的第一個等級是：表象某種東西。

第二個等級是：有意識地表象或知覺（percipere）某種東西。

第三個等級是：識別（noscere）某種東西，或在與別的事物的異同比較中表象某種東西。

第四個等級是：有意識地識別，亦即認識（cognoscere）某種東西。動物也識別對象，但牠們不認識對象。

第五個等級是：理解（intelligere），亦即透過知性借助於概念，來認識或構想某種東西。這與把握大有區別。人們能構想很多東西，儘管不能把握它們。例如：永動機，在力學中已經指明它的不可能。

第六個等級：透過理性來認識或洞識（perspicere）某種東西。我們在少數事物上達到這一步，而且越想使我們的知識內容完善，它在數目上就將越少。

最後，第七個等級：把握（comprehendere），亦即在這個等級上，透過理性或先天地、相對於我們的意圖充分認識某種東西。因爲我們的一切把握都只是相對的，亦即對於某種意圖來說才充分，我們根本未絕對地把握任何東西。再也沒有任何東西比數學家演證的東西更可以把握了，例如：在圓中，一切直線都成比例。但數學家卻未把握：一種如此簡單的圖形怎麼會有這些屬性。因此，理解或知性的領域比把握或理性的領域大得多。

（四）知識在樣式上的邏輯完善性——確定性——所謂視之為真的概念——視之為真的樣式：意見、信念和真知——確信和臆信——判斷的克制和延遲——暫時性的判斷——成見及其源泉和主要種類

眞理性是知識的客觀屬性，是某種東西藉以被表象爲眞的判斷（與一個知性的關係，因而與一個特殊主體的關係，主觀上就是視之為真）。

所謂視之爲眞有兩種方式，確定的視之爲眞或不確定的視之爲眞。確定的視之爲眞或確定性與必然性的意識相結合，反之，不確定的視之爲眞或不確定性與偶然性或反面的可能性的意識相結合。後者要麼是主觀和客觀上都不充分，要麼固然客觀上不充分，主觀上卻充分：前者叫做意見，後者則被稱爲信念。

據此，視之爲眞有三個種類或樣式：意見、信念和真知。意見是一種或然的判斷，信念是一種實然的判斷，眞知則是一種必然的判斷。因爲我僅有所意見的東西，我在判斷中是有意識地僅視之爲或然的；我相信的東西，我視之爲實然的，但不是在客觀上而是在主觀上必然的（只對我有效）；最後，我知道的，我則視之爲必然確定的，也就是說，視之爲普遍客觀地必然的（對所有人有效），即便是假定，這種確定的視之爲眞所關聯的對象本身是一個純然經驗性的眞理。因爲按照上述三種樣式對視之爲眞作出的區別，僅涉及在把一個判斷歸攝到客觀規則之下的主觀標準判斷力。

例如：我們對不死的視之爲眞，如果我們如此行動，就好像我們會不死似的，則它就僅

僅是或然的；但如果我們相信我們是不死的，則它就是實然的；最後，如果我們大家都知道，在今生之後還有來生，則它就是必然的。

據此，在意見、信念和眞知之間，有著本質上的區別，接下來，我們還要更精確、周詳地討論。

1. 意見。意見或由一種既非主觀上充分亦非客觀上充分的知識根據而來的視之爲眞，可被視爲人們不可能輕易缺少的一種暫時性判斷（sub conditione suspensiva ad interim〔在當時懸而未決的條件下〕）。人們在作出假定和斷言之前，必須先有意見，但在這裡也要提防把一種意見視爲某種比純然的意見更多的東西。在我們的所有知識中，我們多半從意見開始。有時，我們對眞理有一種模糊的預感，一件事情在我們看來似乎包含眞理的特徵；在我們以明確的確定性認識它之前，我們就已預感到它的眞理性。

但是，眞正說來，純然的意見是在哪裡發生的呢？不在包含著先天知識的科學中，因而既不在數學中，也不在形而上學中，也不在道德中，而是僅在經驗性的知識中：物理學和心理學等。因爲先天地有意見本身就是荒唐的。事實上，再也沒有比例如在數學中只是有意見更可笑的事了。在這裡，與在形而上學和道德中一樣，應當是：要麼知道，要麼不知道。因此，意見之事始終只能是經驗知識的對象，這些對象就自身而言雖然是可能的，但只按照我們經驗能力的經驗性限制和條件，及這種能力爲我們擁有的取決於這些限制和條件的程度，它們對我們來說就是不可能的。例如：近代物理學的乙太就是一個純然的意見之事。因爲關於這種意見，就像一般而言的任何意見一樣，我都看出：反面畢竟也許能得到證明。因而在此，我的視之爲眞無論在客觀或在主觀上都不充足，儘管它就自身來看，可能成爲完備的。

2.信念。信念或由一種客觀上雖然不充足，但主觀上卻充足的根據而來的視之爲眞，與這樣一些對象相關，關於這些對象人們，不僅不能知道任何東西，且也不能有任何意見，甚至連藉口或然性也不能，而是只能確定，像人們所設想的那樣去設想這類對象，並不自相矛盾。這裡剩下的，就是一種自由的視之爲眞了，它只是在實踐的、被先天給予的方面才是必要的，因而是一種對我出自道德理由所假定、且我確定反面絕不可能得到證明的東西的視之爲眞。①

① 信念不是一種特殊的知識泉源。它是一種意識到不完備的視之爲眞，而且它在被視爲限制在特殊種類的客體（只屬於信念的客體）上時，它與意見的不同就不是透過程度，而是透過它作爲知識而與行動的關係。例如：要敲定一筆交易，商人需要的並不僅是他對自己在這筆交易中必將獲利有所意見，而是他相信，自己要從事不確定之事的意見是充分的。現在，我們具有（關於感性事物的）理論知識，在這種知識中，我們能夠達到確定性，而且就我們能夠稱之爲人的知識的一切而言，必須有可能達到確定性。在實踐法則中，我們具有的正是這樣一些確定的，確切地說，完全先天的知識，不過這些法則是基於一個超感性的原則（自由），確切地說，這個原則就在我們自己心中，作爲實踐理性的一個原則。但是，這種實踐理性是與一個同樣超感

性的客體，亦即至善有關的一種因果性，至善在感官世界裡，是不可能透過我們的能力而擁有。儘管如此，自然作爲我們的理論理性的客體，必須與此一致，因爲在感官世界中，應當發現這個理念的結果或者作用。因此，我們應當爲實現這個目的而行動。

我們在感官世界裡也發現了藝術智慧的蹤跡，而今我們相信：世界的原因也以道德的智慧爲著至善而起作用。這就是一種爲著行動而充足的視之爲眞，亦即一種信念。如今，我們需要這種東西，並不是爲了按照道德法則去行動，因爲道德法則唯有透過實踐理性才被給予，但是，我們需要假定一個最高的智慧，作爲我們的道德意志的客體，除了我們行動的純然合法性，我們不得不在這個假定上建立我們的目的。儘管這在客觀上，不是我們的任性的一種必然關係，但至善畢竟在主觀上，必然是一個善的（甚至人的）意志的客體，而對可以達到至善的信念必然爲此被預設。

在透過經驗（後天地）獲得一種知識和透過理性（先天地）獲得一種知識之間，沒有任何居間者。但是，在一個客體的知識和這個客體可能性的純然預設之間，卻有一個居間者，這就是一種經驗性的或理性的根據，與可能客體的領域必然擴展到其知識對我們來說有可能的客體之外相關，來假定前述客體的可能性。這種必然性僅在客體被認作實踐的，並且透過理性在實踐上是必然的時候發生，因爲僅爲了擴展理論知識而假定某種東西，這在任何時候都是偶然的。對一個客體的這種實踐上的必然預設，是對作爲任性的客體的至善之可能性的預設，因而也是對這種可能性的條件（上帝、自由和不死）的預設。這是一種主觀的必然性，即爲了必然的意志規定而假定該客體的實在性。這是cause extraordinarius〔非常規的情況〕，沒有它，實踐理性在其必然目的方面就不能維持自身，而且在這裡，favor necessitatis〔必然性的讚許〕在實踐理性自己的判斷中是有益於實踐理性的。實踐理性不能在邏輯上獲得任何客體，而只能在使用這個實踐上屬於它的理念時抵制阻礙它的東西。

這個信念就是假定一個（關於至善的）概念的客觀實在性，亦即假定它的對象作爲任性的、先天客體的可能的必然性。如果我們僅關注行動，則我們不必擁有這種信念。但是，如果我們想透過行動而擴展到對由此而可能的目的的擁有，我們就必須假定：這個目的是絕對可能的。因此，我只能說：我發現自己按照自由的法則被我的目的所迫，去假定一種至善在世界上是可能的，但我不能透過理由去強迫任何他者（信念是自由的）。

因此，理性的信念絕不關涉理論知識，因爲在這裡，客觀上不充足的視之爲眞純屬意見。它只是理性在主觀的、但卻絕對必然的、實踐的意圖上的一種預設。遵循道德法則的意念把人導向可以透過純粹理性來規定的任性的一個客體。假定這個客體的可行性，因而也就是這方面原因的現實性，是一種道德上的信念，或是一種自由的、在實現自己目的的道德意圖中必然的視之爲眞。

※ ※ ※

眞正說來，fides〔信念〕是pacto〔契約〕中的忠誠，或者主觀相互間的信賴，因爲一個人要對他人信守自己的諾言，即忠誠和相信。前者是在契約已簽訂的時候產生，後者是在人們要簽訂契約的時候產生。

I. 因此，信念之事不是經驗性知識的對象。進而，眞正說來，所謂的歷史信念也不能 68
被稱爲信念，並且作爲歷史信念與眞知相對立，因爲它本身能夠是一種眞知。根據一個見證 69
視之爲眞，無論在程度或種類上，都與透過自己的經驗視之爲眞沒有區別。

II. 信念之事也不是理性知識（先天知識）的客體，既不是理論知識的客體，例如：在
數學和形而上學中，也不是道德中的實踐知識的客體。

人們雖然能夠根據見證來相信數學的理性眞理，因爲在此，錯誤一方面不大可能，另一
方面也能輕易地被揭示。但是人們畢竟不能以這種方式知道它。但是，哲學的理性眞理也絕
不能被相信，它們必須僅僅被知道；因爲哲學在自身中不允許純然的臆信。而特別地就道德
中的實踐理性知識的對象，即法權和義務而言，在它們這方面，同樣不能出現一種純然的信 70
念。人們必須完全確定：某種東西正當或不正當，合乎義務還是違背義務，允許還是不允
許。人們在道德事物中不能不確定地魯莽行事，不能冒著違背法則的危險決定任何事情。例
如：對法官來說，僅相信被控告犯罪的人確實犯下這項罪是不夠的。他必須（在法學上）知
道這一點，否則就是不負責任地行動。

III. 唯有這樣一些對象才是信念之事：對它們來說，視之爲眞必然是自由的，也就是不

按照類比，實踐理性仿佛是承諾者，人是受諾者，而預期由這個行爲而來的善則是承諾。

受客觀的、不依賴於主體的本性和興趣的眞理根據所規定。

因此，信念也由於純然主觀的根據而不提供可以傳達並且要求普遍贊同的確信，如出自眞知的確信。我自己只能確定，我的實踐信念的有效性和不變性，而且我對一個命題的眞理性或一個事物的現實性的信念是與我相關、僅取代一種知識的東西，而非本身就是知識。

不假定雖然不可能知道、但卻可能預設，在道德上必然的東西的人，是在道德上不信的。這種不信總是以缺乏道德興趣爲基礎。一個人的道德意念越是偉大，他對自己從道德興趣出發，感到被迫在實踐上必然的意圖中假定和預設的東西的信念就也越堅定和活躍。

3. 真知。出自一種無論在客觀或主觀上都充足的知識根據的視之爲眞或確定性，要麼是經驗性的，要麼是理性的，依它是基於經驗——自己或他人傳達的經驗——還是基於理性而定。因此，這種區分汲取攸關我們全部知識的兩個泉源：經驗和理性。

理性的確定性要麼是數學的確定性，要麼是哲學的確定性。前者是直覺的，後者是論證的。

數學的確定性也叫自明性，因爲一種直覺的知識比一種論證的知識更清楚。因此，儘管數學的理性知識和哲學的理性知識二者就自身而言是同樣確定的，但二者的確定方式畢竟不同。

如果我從自己的經驗出發來確定某種東西，這種經驗性的確定性就是一種原始經驗的確定性（originarie empirica），而如果我透過他人的經驗確定某種東西，它就是一種衍生的經驗的確定性（derivative empirica）。後者通常也被稱爲歷史的確定性。

理性的確定性透過與它結合的必然性意識，與經驗性的確定性區別開來，因此它是一種必然的確定性，反之，經驗性的確定性只是一種實然的確定性。人們在理性上確定的，是無須一切經驗也能先天洞識的東西。因此，我們的知識可能涉及經驗的對象，其確定性畢竟能同時是經驗性的和理性的，也就是說，如果我們從先天原則中認識一個經驗性地確定的命題的話。

對一切事物不可能都有理性的確定性，但在我們能有理性的確定性之處，我們必須把理性的確定性置於經驗性的確定性之前。

一切確定性要麼是無仲介的確定性，要麼是有仲介的確定性，也就是說，它們要麼需要證明，要麼不能也不需要證明。儘管在我們的知識中，還有很多東西只是間接確定的，亦即唯有透過證明才能確定，但畢竟也有某種不能演證或直接確定的東西，而且我們的全部知識都必須從直接確定的命題出發。

一種知識的所有有仲介的或間接的確定性基於的證明，要麼是直接的證明，要麼是非直接的，亦即間接的證明。但如果我從其根據來證明一個眞理，則我是在對它做一個直接的證明，但如果我從反面的虛假推論一個命題的眞理性，則我是在做一個間接的證明。但是，要使間接證明具有效力，兩個命題就必須是矛盾的或者截然對立的。因爲兩個僅僅相反對立的命題（contrarie opposita）可能二者皆錯。若是根據數學的確定性的證明叫作演證，若是根據哲學的確定性的證明叫作秘傳的證明。所謂證明的本質成分是其質料和形式，或者證明根據和連貫性。

科學來自眞知，科學可以被理解爲一種作爲體系的知識總和。它與普通的知識，亦即一種知識作爲純然的集合的總和相對立。體系基於整體的理念，它先行於各部分，反之，在普通的知識或知識的純然集合那裡，各部分先行於整體，比如：歷史的科學和理性的科學。

在一門科學中，我們常常只知道知識，但不知道知識所表象的事物；因此，可能有一門關於這類東西的科學，我們對於這類東西的知識不是眞知。

※　※　※

從迄今關於視之爲眞的本性和種類作出的說明中，可以得出普遍的結論：因此，我們的一切確信要麼是邏輯的，要麼是實踐的。也就是說，如果我們知道，我們沒有任何主觀根據，且視之爲眞是充分的，那麼我們就得到確信，確切地說，這是在邏輯上或從客觀的根據中得到確信(客體是確定的)。

但是，實踐的關係中，與客觀根據一樣有效之來自主觀根據的完滿的視之爲眞，也是確信，只不過不是一種邏輯的確信，而是實踐的確信(我確定)。且這種實踐的確信或道德的理性信念往往比一切眞知更加堅定。對於眞知來說，人們還傾聽反面的根據，但對於信念來說卻非如此，因爲在這裡不是取決於客觀的根據，而是取決於主體的道德興趣。②

與確信相對立的是臆信，即一種出自不充足根據的視之爲眞，關於這些根據，人們不知道它們是純然主觀的，還是也有客觀的。

臆信經常走在確信前面。我們意識到許多知識，只是我們不能夠判斷，我們視之爲眞的根據是客觀的還是主觀的。因此，爲了能從純然的臆信達到確信，我們必須首先考慮，亦即看一看這種知識屬於怎麼樣的認識能力，然後再研究，亦即來根據在客體方面是充足還是不充足檢驗。許多人停留在臆信。若干人達到了考慮，少數人達到了研究。在此知道什麼屬於確定性的人，將不易把臆信和確信混爲一談，因而也不易臆信。有一種贊同的規定根據，是由客觀的根據和主觀的根據複合而成的，多數人不能分辨這種混合的作用。

---

② 因此，這種實踐的確信就是道德的理性信念，在最本眞的意義上，唯有它才必須被稱爲信念，並且作爲這樣的信念與眞知和一切一般而言的理論確信或邏輯確信相對立，因爲它絕不能提高爲眞知。反之，所謂的歷史信念如已經說明的那樣，不可與眞知區分開來，因爲它作爲一種理論的或邏輯的視之爲眞，本身就能夠是一種眞知。我們能夠以同一種確定性來接受一種基於他人見證的經驗性眞理，就像我們透過自己的經驗事實達到這種確定性一樣。對前一種經驗性的眞知來說，有某種騙人的東西，但對於後者來說亦復如是。歷史的或間接的經驗性眞知是基於見證的可靠性。對一個無可指責的證人，則要求其真實可靠（能幹）和完整無缺。

儘管每一種臆信在形式上（formaliter）都是虛假的，也就是說，如果在這裡不確定的知識顯得是確定的，但是，它畢竟可以在質料上（materialiter）是眞的。這樣，臆信也與意見有區別，意見是一種不確定的知識，只要這種知識被視為不確定的。

視之爲眞（在信念中）的充分性可以透過打賭和發誓來檢驗。前者需要相對充足的客觀根據，後者需要絕對充足的客觀根據，否則，如果沒有客觀根據，就仍然是一種絕對在主觀上充足的視之爲眞。

※　※　※

人們往往習慣於使用這樣的表述：附和其判斷，克制、延遲或放棄其判斷。這些和類似的語式似乎暗示著，在我們的判斷中有某種任意的東西，因爲我們把某種東西視之爲眞，是因爲我們願意視之爲眞。據此，這裡要問的是：意欲是否對我們的判斷有所影響？

意志對視之爲眞沒有直接的影響；若有直接的影響也會是很荒唐的。如果說：我們樂意相信我們所期望的東西，則這僅僅意味著我們的善良願望，例如：父親對於自己子女的願望。如果意志對我們確信我們期望的東西有直接的影響，我們就會總是幻想一種幸福的狀態，然後也總是視之爲眞。但是，意志不能與違背其願望和偏好的眞理的確切證明抗爭。

然而，只要意志激勵或阻止知性去探究一個眞理，人們就必須承認它對知性的應用有所影響，從而也間接地對確信有所影響，因爲確信十分有賴於知性的應用。

可是，特別地就我們判斷的延遲或克制而言，這種延遲或克制就在於，不使一個純然暫時性的判斷成爲規定性判斷的決心。一個暫時性的判斷是：透過它我設想，雖然對一個事物的眞理性來說，支援的根據比反對的根據更多，但這些根據尚不足以作出一個規定性的或確定的判斷，讓我直截了當地裁定其爲眞。因此，暫時性的判斷是一種有意識地或然的判斷。

判斷的克制可能發生在兩個方面：要麼，爲了搜尋規定性的判斷的根據，要麼，爲了絕不作出判斷。在前一種情況，對判斷的延遲叫作批判的延遲（suspensio judicii indagatoria〔對判斷的探索性延遲〕），在後一種情況則叫作懷疑的延遲（suspensio iudicii sceptica〔對判斷的懷疑性延遲〕）。因爲懷疑論者放棄一切判斷，反之，眞正的哲學家在他尚未有足夠的根據把某種東西視之爲眞時，就僅僅延遲自己的判斷。

按照準則來延遲自己的判斷，這需要一種唯有隨著年齡的增長才出現的熟練的判斷力。總而言之，克制對我們的贊同是一件很困難的事情，部分是由於我們的知性如此渴望借判斷來擴展自己，並以知識來豐富自己，部分是由於，我們的癖好總是集中於某些事情甚於其他。但是，人們不得不經常收回自己的贊同並由此變得聰明和謹愼，這是出於將來不得不收回自己判斷的擔心，才不如此迅速地表示贊同。這種撤回總是一種傷害，且成爲對其他一切知識表示不信任的原因。

我們在這裡還要說明：質疑判斷與延遲判斷不是同一回事。延遲判斷時，我對事物還有一種興趣，但質疑判斷時，並不總是按照我的目的和興趣去裁定事物是否眞實。

對於在一切沉思和研究中的知性應用來說，暫時性的判斷都是很有必要的，甚至是不可或缺的。因爲它們是用來在其探究中指導知性，並爲此把不同的手段交到知性手中。

在我們沉思一個對象時，我們總是必須暫時性地作出判斷，而且仿佛是已經嗅到我們將透過沉思分享的知識。人們如果意在發明和發現，就總是必須制訂一個暫時性的計畫，否則，思想就純然是按照偶然之事進行。因此，人們可以把研究一個事物的準則視爲暫時性的判斷。就連預先推定，也可以稱爲暫時性的判斷，因爲早在有規定性的判斷之前，人們就已經預先推定自己關於一個事物的判斷。因此，這類判斷大有用處，甚至可以給出我們應當如何對一個客體作出暫時作判斷的規則。

※　※　※

成見與暫時性的判斷必須有所區別。

成見如果被假定為原理，就是暫時性的判斷。每個成見都可被視爲錯誤判斷的原則，自成見中產生的不是成見，而是錯誤的判斷。因此，人們必須把自成見產生的虛假認識與其源泉，即成見本身區別開來。例如：夢的意義就自身而言不是成見，而是從假定的如下普遍規則產生的錯誤：應驗若干次之物，就是應驗，或應當被視之爲眞。而夢的意義隸屬於其下的這個原理，就是一個成見。

有時，成見爲眞的暫時性判斷，如果作爲原理或作爲規定性的判斷對我們生效，就是不正當的。這種錯覺的原因應在於，由於缺乏必須先行於一切判斷的考慮，主觀的根據被視爲客觀的根據。因爲即便我們能接受許多知識，例如：直接確定的命題，而不研究它們，也就是不檢驗其眞理性的條件，但是，如果不加以考慮，也就是不把一種知識與它由以產生的認識能力（感性或知性）加以比較，我們畢竟不得對任何東西作出判斷。即便在不進行研究的地方，這種考慮也是必要的。如果我們不經過這種考慮就接受判斷，成見就會產生，或導致被錯誤地視爲客觀根據的主觀原因變爲判斷原則。

成見的主要源泉是：模仿、習慣和偏好。

模仿普遍影響著我們的判斷，因爲它把別人冒充爲眞者視之爲眞，這是一個強有力的根據。因此，便有了如下成見：人人都在做的事，就是正當的。至於自習慣產生的成見，唯有透過漫長的時間來清除，那時知性透過反面的根據，逐漸地在判斷中被阻止和延遲，由此漸漸地達到一種相反的思維方式。但是，如果同時由於模仿而產生習慣的成見，那麼，就很難使擁有這種成見的人擺脫它。人們也可以把出自模仿的成見稱爲被動使用理性的癖好，或為用理性的機械作用取代理性在法則下的自發性癖好。

理性固然是一種積極原則，它不應當僅自他人的權威借用任何東西，甚至在說到理性的純粹使用時，就連借用自經驗也不行。但是，很多人的惰性使他們寧可追隨他人的足跡，也不盡力使用自己的知性力量。這類人可能總是只成爲他人的複製，如果所有人都是這樣，世界就會永遠停滯不前。因此，最必要且重要的是：不使年輕人像通常發生的那樣純然地模仿。

有許多事物促使我們習慣於模仿的準則，並由此使理性成爲成見的肥沃土壤。屬於模仿的這類輔助手段包括：

1.程式。這是一些其表達做爲模仿典範的規則。此外，它們十分有利於簡化複雜的命題，因此，最聰明的頭腦試圖發明這類程式。

2.格言。其表達具有一種言簡意賅意義的高度確切，以至於看似更少的用詞就不能囊括這種意義。人們相信這類總必須借自他人的箴言（dicta）有一種確定的無誤性，由於這種權威性，其得以做爲規則和法則。《聖經》的箴言叫做χατ᾽ἐξοχην〔道道地地的〕格言。

3.警句。作爲一種成熟的判斷力的產品，其透過強調其蘊含的思想而給人印象，並成爲一種經數世紀之久仍保持其威望的命題。

4.法規。這被當成一些科學的基礎，並爲指示著某種崇高且深思熟慮之物的普遍學理。人們還能以一種警句式的方式表達法規，以便使它們更讓人喜歡。

5.諺語（proverbia）。這是普通知性的通俗規則或用來表示其通俗判斷的表述。既然這類純然地方性的命題僅做爲普通大眾的警句和法規，所以在受過較典雅教育者之處便遇不到它們。

※　　※　　※

從上述三種成見的普遍源泉中，特別在模仿中，產生了一些特殊成見，其中我們在此想提及的如下成見，為最常見者：

1. 威望的成見。包括：

(1) 人格的威望的成見。如果我們在基於經驗和見證的事物上把我們的知識建立在其他人格的威望上，則我們便不為任何成見負疚，因為在這類事情上，既然不能親歷並用我們自己的知性來把握一切，人格的威望就必然是我們判斷的基礎。但是，如果我們使他人的威望成為我們在理性知識方面視之為眞的根據，我們就是在根據純然的成見來接受這些知識。因為理性眞理的有效是匿名的；這裡的問題不是：誰說了它？而是：他說了什麼？事情不在於一種知識是否有高貴的起源；但儘管如此，對偉大人物的威望的癖好卻是共有的，部分由來於自己洞識的局限性，部分是由於熱衷模仿那被作為偉大的，而描述給我們的東西。此外還有：人格的威望還會以一種間接的方式來取悅我們的虛榮。也就是說，就像一個強大的專制君主的臣民們引以為傲的是：他們全都受到君主的平等對待，因為就面對其統治者的無限權力時最卑微者和最高貴者什麼也不是而言，最卑微者能夠覺得自己與最高貴者是平等的那樣，如果一個偉大人物的崇拜者們可能具有的優勢相對於偉大人物的功勳，可被視為無關緊要的，那麼，他們也可以把自己評判為平等的。因此，受到高度讚揚的偉大人物出自不只一種理由，很大程度上，助長了這種對人格威望的成見的癖好。

(2) 群衆威望的成見。主要是下層民眾傾向有這種成見。既然下層民眾沒有能力評判人格的功績、能力和知識，他們寧可堅持群眾的判斷，其預設是：所有人都說的，必定是眞的。然而，這種成見在下層民眾這裡只與歷史事物相關，而在他們本身感興趣的宗教事務上，他們則聽任學者的判斷。

總而言之，値得注意的是，無知者對學問有成見；學者則與此相反，他們對普通知性有成見。

如果學者在差不多已經周遊各門科學之後，其全部辛勞並沒使他獲得應有的滿足，他最終就對學問產生一種不信任，特別是在概念不能被感性化的一些思辨方面，其基礎是動搖的，例如：在形而上學中。但是，他畢竟相信，必能在某個地方找到某些對象的確定性的鑰匙，而今，當他長期沿著科學探究之道尋找它卻徒勞無功後，他便轉而到普通知性那裡尋找它。

然而，這種希望卻是騙人的，因爲如果受過培養的理性能力在某些知識方面不能有所建樹，那麼，未受過培養的理性能力肯定同樣做不到。在形而上學中，在任何地方都不允許援引普通知性的箴言，因爲在此，不能具體地闡述任何事例。但對於道德來說，當然是另一種情況。在道德中，不僅一切規則都能被具體地給予，且實踐理性可以透過普通知性應用的工具來顯示自己，這要比透過思辨的知性應用工具更清楚、更正確。因此，關於道德事務和義務，普通知性常作出比思辨知性更正確的判斷。

c.時代威望的成見。在此，對古代的成見是最重要的成見之一。雖然我們當然有理由對古代作出有利的判斷，但這只是一種適度敬重的根據，只不過由於我們使古人成爲知識和科學寶庫的主人，把他們作品的相對價值提升成絕對的價值，盲目信賴它們的成就，並因而常常逾越這種敬重的界限。如此過分地崇尙古人，就是使知性退回到它的童年，並忽視使用自己的才能。如果我們相信所有古人都像其作品流傳給我們的那樣經典，我們也會犯錯。也就是說，既然時間篩選一切，唯有具有一種內在價值者才得以保存下來，則我們可以不無根據地假定，我們只擁有古人的最佳作品。

有許多原因導致和維持對古代的成見。

如果某種東西超出了遵循一個普遍規則的期待，人們最初就對它感到驚異，然後這種驚異往往轉化爲驚讚。當人們在古人那裡發現了某種東西，考慮到他們生活於其中的時代狀況，而人們並未找到這種東西時。另一個原因在於：當古人和古代的知識顯示出一種博學和博覽，它總是贏得敬重，儘管人們從古人的研究中汲取的事情自身可能是普通的和無關緊要的。第三個原因是感激，我們應當對古人持有感激之情，因爲是他們爲我們開闢了許多知識的道路。看來，對他們表示一種特殊的高度評價是公正的，但我們卻常做得過分。最後，第四個原因可以在對同時代人的某種嫉妒中去尋找。不能與近人匹敵者，便以近人爲代價來吹捧古人，以使近人不能居於他之上。

與此相反的成見是新穎性的成見。有時，古代的威望和有利於降低古代的成見，特別是在本世紀初，當著名的封德耐爾倒向近人時。對於能加以擴展的知識來說，我們當然信任近人更甚於古人。但是，這個判斷也只是作為一個暫時性的判斷才有根據。如果我們使它成為一個規定性的判斷，它就成為成見。

2. 由自愛或邏輯上的唯我主義而來的成見，人們按照這種成見，把自己與他人判斷的一致視為一個可有可無的眞理標準。它們與威望的成見相對立，因為這是在對自己的知性的產品，例如：對自己學術體系的某種偏愛中展現出來的。

※　※　※

放下成見不管，或乾脆庇護成見，這是否為有益和可取的？令人驚奇的是，在我們這個時代還能提出這類問題，特別是關於庇護成見的問題。庇護某人的成見，就等於以好意來欺騙某人。讓成見不受觸動，尚屬可行；因為誰能夠從事於揭露和清除每一個成見呢？但是，全力根除成見是否可取，畢竟是另一個問題。與舊的、根深蒂固的成見鬥爭當然是困難的，因為它們甚至為自己辯護，儼然是自己的法官。人們也試圖以根除成見會產生各種害處來為放任成見不管辯護。但是，人們還是允許這些害處吧，它們會在後世帶來更多好處。

七、或然性——對或然性的解釋——或然性與貌似性的區別——數學的或然性和哲學的或然性——懷疑——主觀的懷疑和客觀的懷疑——懷疑論的、獨斷論的和批判的思維方式或哲學思維的方法——假說

關於對或然之物的知識學說也屬於關於我們的知識確定性的學說，或然之物可被視爲一種對確定性的接近。

或然性可被理解爲一種由不充分的根據而來的視之爲眞，但這些不充分的根據相較於反面的根據，比充分根據的比例更大。透過這種解釋，我們就把或然性（probabilitas）與純然的貌似性（verisimilitudo）區別開來，後者是一種由不充分的根據而來的視之爲眞，只要這些根據比反面的根據更大。

也就是說，視之爲眞的根據要麼在客觀上、要麼在主觀上大於反面的根據。是兩種情況中的哪一種，唯有透過視之爲眞的根據與充足的根據比較才能看出；因爲在這種情況下，視之爲眞的根據能夠比反面的根據更大。因此，對於或然性來說，視之爲眞的根據是客觀有效的，對於純然的貌似性來說則與此相反，視之爲眞的根據只是主觀上有效。貌似性僅僅是臆信的量，或然性則是向確定性的一種接近。對或然性來說，必須總有一個據以能夠估算它的尺度。這個尺度就是確定性。因爲當我把不充足的根據與充足的根據相比較時，我必須知

道，確定性需要多少。但是，這樣一個尺度對純然的貌似性來說是不存在的，因為在此，我不是把不充足的根據與充足的根據相比較，而僅是與反面的根據相比。

或然性的要素可能要麼是同質的，要麼是異質的。如果是同質的，就像在數學知識中那樣，它們必須是可數的；如果是異質的，就像在哲學知識中那樣，它們必須是可權衡的，也就是可以按照結果來評價；但這種結果是按照對心靈中障礙的克服來評價。後者與確定性沒有關係，而只是與同他物的一種貌似性有關。由此得出：唯有數學家能規定不充足的根據與充足的根據的關係，哲學家則必須滿足於貌似性，滿足於純然主觀的和實踐上充分的視之為眞。因為在哲學知識中，由於根據的異質性而無法評估或然性；在這裡，可以說並不是所有重量都得到說明。因此，關於數學的或然性，眞正說來人們也只能說：它多半是確定的。

關於一種或然性的邏輯學（logica probablium），人們講過很多。然而，這種邏輯學卻是不可能的；因為如果不能在數學上權衡不充足的根據與充足根據的關係，一切規則都毫無用處。除了「不會在同一方面遇到錯誤，在客體中必有贊同的根據」，及「如果在兩個相反方面犯下同樣的量和同樣程度的錯，則眞理就在中間」之外，人們在任何地方都給不出或然性的普遍規則。

※　　※　　※

懷疑是視之為眞的一個反對根據或一個純然障礙，它要麼可以在主觀上、要麼在客觀上進行考察。也就是說，主觀上，懷疑有時被當做一個優柔寡斷的心靈狀態；在客觀上，則被當做對視之爲眞的根據不充足的知識。若在後者，它叫做異議，這是說，把一種被視爲眞的知識視爲虛假的客觀根據。

視之爲眞的一個純然主觀上有效的反對根據是疑慮。有疑慮時，人們不知道視之爲眞的障礙是客觀的或僅是主觀的，例如：僅基於偏好或習慣等。人們懷疑著，而不去清晰地和明確地解釋懷疑的根據，不能洞識這種根據是在於客體本身或僅在於主體。要清除這樣的疑慮，它們就必須被提升爲一種異議的清晰性和明確性。因爲透過異議，確定性獲得清晰性和完備性，且如果不使反對根據活躍起來，並由此規定人們離確定性還有多遠或多近，則沒有人能夠確定一件事情。僅僅答覆每一種懷疑也是不夠的，人們也必須消解它，這就是說：了解疑慮如何產生。若非如此，懷疑就只是被駁回，但不是被取消，懷疑的種子在這種情況下仍在。在許多場合，我們當然不知道，我們心中視之爲眞的障礙僅有主觀的根據還是有客觀的根據，因而不能透過揭露假象來清除疑慮，因爲我們並不總能把我們的知識與客體進行比較，而往往只能把它們相互比較。因此，謙虛就是把自己的異議僅作爲懷疑講出來。

※ ※ ※

懷疑有一個原理，在於使知識不確定，並指出不可能達到確定性的意圖來探討知識的準則。哲學思維的這種方法就是懷疑的思維方式或懷疑論。它與獨斷的思維方式或獨斷論相反，後者是僅由於表面上的成功而無須批判理性，僅透過概念來先天地擴展自己能力的一種盲目信賴。

這兩種方法如果成爲普遍的，都是有所缺陷的。因爲我們不能獨斷地對待許多知識；而懷疑論從另一方面，透過放棄一切斷言的知識，來根除我們擁有對確定之物的知識的一切努力。

但是，無論這種懷疑論多麼有害，如果人們把懷疑的方法僅理解成：希望沿著這條途徑追蹤眞理、而把某種東西當做不確定的來對待、並使其達到極度不確定性的方式，則這種方法仍有用且合乎目的的。因此，眞正說來這只是判斷的一種延遲。它對於批判的行事方式來說很有用，批判的行事方式應被理解爲哲學思維的一種方法，人們按此探究自己的主張或異議的源泉，及它們的根據；這是一種給人確定性的希望的方法。

數學和物理學中，並未出現懷疑論。唯有既非數學亦非經驗性的知識，即純哲學的知識，才能導致懷疑論。絕對的懷疑論把一切說成是假象。因此，它把假象與眞理區別開來，爲此需要一個區別的特徵，從而以對眞理的知識爲其前提條件，不過這樣一來就自相矛盾。

※ ※ ※

關於或然性，我們在上面說到，它僅是對確定性的一種接近。假說尤其是這種情況，透過假說，我們絕不能在我們的知識中達到一種必然的確定性，而永遠只能達到一種時大、時小的或然性。

假說是因結果充分的緣故而把關於一個有根據的真理性的判斷視之為真，或簡言之，把一個作為根據的預設視之為真。

據此，假說中的一切視之爲眞都是基於：作爲根據的預設足以由此解釋其他作爲結果的知識。因爲人們在此是從結果的眞理性推論根據的眞理性。但是，既然如上面所說，這種推論方式唯有在假定根據的一切可能結果都爲眞的情況下，才能給出一個充分的眞理標準，並導向一種必然的確定性；則由此可見，由於我們永遠不能規定一切可能的結果，假說就永遠是假說，亦即我們擁有不能達到完全的確定性的預設。儘管如此，一種假說的或然性仍然可以增長，並提升爲確定性的類似物，也就是說，如果我們迄今遇到的一切結果都能從預設的根據得到解釋。因爲在這種情況下，就沒有理由不假定一切可能的結果都能由此得到解釋。因此，我們在這種情況下就聽命於假說，就好像它是完全確定的，儘管唯有透過歸納它才是確定的。

每一種假說中，必須有某種東西是必然確定的，亦即：

1. 預設本身的可能性。例如：如果我們爲解釋地震和火山而預設一種地下火，則這樣一種火必須是可能的，即便並不正是一種燃燒的物體，卻得是一種熾熱的物體。但是，爲了某些別的現象而使地球成爲一種動物，在其中內部液體的迴圈造成了熱，卻叫做提出一種純然的虛構，而不是假說。因爲現實性可以虛構，可能性卻不行；後者必須是確定的。

2. 連貫性。假定的根據必須正確地引出結果；若不然，假說就成爲一種純然的幻想。

3. 統一性。一種假說的本質就是，它是唯一的，並不需要輔助假說來支援它。如果我們對於一個假說而言不得不求助於更多別的假說，那麼，該假說就大大失掉其可能性。因爲從一個假說能引出的結果越多，它就越可能，越少則越不可能。例如：第谷・布拉赫的假說就不足以解釋許多現象；因此，他爲補充而採用更多新假說。在這裡已可以猜出，他採用的假說不可能是眞正的根據。反之，哥白尼的體系是這樣一種假說，應當從它得到解釋的一切，對我們來說，就迄今已發生的而言，都得到了解釋。且在這裡不需要輔助的假說（hypotheses subsidiarias）。

有些科學，不允許任何假說，例如：數學和形而上學。但在自然學說中，假說是有用的且不可或缺的。

附錄：論理論知識和實踐知識的區別

一種知識被稱爲實踐的，則與理論的知識相對立，但也與思辨的知識相對立。

也就是說，實踐的知識要麼：

1. 是命令式，且就此而言與理論的知識相對立；要麼它們包含：

2.可能的命令式的根據，且就此而言與思辨的知識相對立。

一般而言的命令式被理解爲這樣的命題，它陳述一個可能的自由行動，某個目的應透過這個行動被實現。因此，任何包含命令式的知識都應被稱作實踐的，確切地說，其與理論的知識相對立而應當被稱爲實踐的。因爲理論的知識：在這裡不陳述應當是什麼，而陳述是什麼；因而不以行動爲其客體，而是以一種存在爲其客體。

反之，如果我們使實踐的知識與思辨的知識相對立，則它們也能夠是理論的，只要能從它們推導出命令式。從這種情況來考慮，它們在內容上（in potential〔在潛能上〕）或客觀地是實踐的。也就是說，我們把思辨的知識理解爲，不能從它們推導出任何行爲規則，或它們不包含可能命令式的根據這樣的知識。例如：神學中就有大量純然思辨的命題。因此，這類思辨的知識永遠是理論的；但不能反過來說，任何理論的知識都是思辨的；從另一種考慮來看，理論的知識也能同時是實踐的。

一切都以實踐的東西爲歸宿，且我們的知識的實踐價值就在於一切理論的東西和一切思辨在應用上的這種傾向。但是，這種價值唯有在知識的實踐應用指向的目的是一個無條件的目的的時，才是一種無條件的價值。與我們知識的一切實踐應用相關的唯一、無條件且最終的目的（終極目的）是道德，爲此，我們也把道德稱爲完全或絕對實踐之物。據此，哲學的這個以道德性爲對象的部分，就必須叫做χατ᾽ἐξοχην〔道道地地的〕實踐哲學；儘管任何別的哲學科學總也有其實踐的部分，也就是能在提出的理論中包含著：爲實現某些目的而對其實踐應用的一種指南。

第一篇 一般要素論

第一章　論概念

一、一般概念及其與直觀的區別

一切知識，也就是說，一切有意識地與一個客體相關的表象，要麼是直觀，要麼是概念。直觀是個別的表象（repraesentatio singularis），概念是普遍的表象（repraesentatio per notas communes）或反思的表象（repraesentatio discursiva）。

透過概念而產生的知識叫做思維（cognitio discursiva）。

※　※　※

附釋 1　概念與直觀相對立，因爲它是一種普遍的表象，或是對許多客體共有的東西的表象，因而是一種能夠包含在不同客體之中的表象。

附釋 2　所謂普遍的或共同的概念，這純屬同義反覆——是基於把概念不正確地劃分爲普遍的概念、特殊的概念和個別的概念的一個失誤。可如此劃分的不是概念本身，而只是概念的使用。

二、概念的質料與形式

每一個概念都可以區分其質料和形式。概念的質料是對象，概念的形式則是普遍性。

三、經驗性的概念和純粹的概念

概念要麼是一個經驗性的概念，要麼是一個純粹的概念（vel empiricus vel intellectualis）。一個純粹的概念是一個並非得出自經驗，而是在內容上也源於知性的概念。

理念則是：其對象在經驗中根本不能遇到的理性概念。

※　※　※

附釋1　經驗性的概念因透過比較經驗的對象而源自感官，透過知性，僅獲得普遍性的形式。這些概念的實在性基於現實經驗，它們就其內容而言，汲取自現實經驗。但是，是否有純粹的知性概念（conceptus puri），不依賴於一切經驗而僅源自於知性，這是形而上學必須研究的。

附釋2　理性概念或理念，根本不能導向現實對象，因爲現實對象必須包含在一個可能的經驗當中。但是，理性概念或理念畢竟在經驗和經驗規則中，透過理性極完善地引導知性，或也表明，並非一切可能的事物都是經驗的對象，及經驗對象之可能性原則並不適用於物自身，也不適用於經驗之作爲物自身的客體。

理念包含著知性使用的原型，例如：關於世界整體的理念，它是必然的，不是作為經驗性的知性應用的建構性原則，而是僅作爲在我們經驗性的知性應用之普遍聯繫的範導性原則。因此，理念可被視爲一個必然的基本概念，以便要麼客觀地完成隸屬的知性行動，要麼將之視爲不受限制的——理念也不可透過複合而獲得，因爲整體先於部分。然而，畢竟有理念可以向其接近。數學的理念或在數學上產生一個整體的理念就是這種情況，它們與動力學的理念有本質上的不同，後者與一切具體的概念完全異質，因爲整體（像在數學的理念那裡一樣）不是在量上，而是種類與具體概念的不同。

人們不能使理論、理念獲得客觀的實在性，或證明這種實在性，除了關於自由的理念之外。確切地說，是因爲這個理念是道德法則的條件，而道德法則的實在性是一個公理。關於上帝理念的實在性，唯有透過關於自由的理念，因而唯有在實踐的意圖中才能得到證明，也就是說：要如此行動，就好像有一個上帝似的。

在一切科學中，尤其是在理性的科學中，科學的理念是科學的一般草圖或輪廓，因而是屬於它們一切知識的範圍。這樣一個整體理念——人們在一門科學中，必須關注和尋找的首要東西是建築術的理念，例如：法學的理念。

多數人缺少人類、一個完善的共和國、一種幸福的生活諸如此類的理念。許多人關於自己想要的東西沒有任何理念，因此他們按照本能和權威行事。

四、（先天地或後天地）被給予的概念和被製成的概念

在質料上，一切概念要麼是被給予的概念（conceptus dati），要麼是被製成的概念（conceptus factitii）。被給予的概念要麼被先天地給予，要麼被後天地給予。

一切經驗性或後天地被給予的概念叫做經驗概念，先天地被給予的概念叫做知性概念。

附釋　作爲論證的表象時，一個概念的形式在任何時候都是被製成的。

※　※　※

五、概念的邏輯起源

僅就形式而論，概念源於反思，且基於區別某個表象標明的事物的抽象。因此，這裡產生的問題是：知性的哪些行動構成了概念，或——另一回事——從被給予的表象產生一個概念需要哪些知性的行動？

※　※　※

附釋1　透過概念，既然一般邏輯學抽掉了知識的一切內容，或抽掉了思維的一切質

料，所以，它只能就思維的形式而言，也就是只能主觀地衡量概念；不是衡量概念如何透過一個特徵規定客體，而是衡量概念如何能與諸多客體相關。因此，一般邏輯學不應當研究概念的源泉，不應當研究概念如何作為表象產生，而是僅研究被給予的表象如何在思維中成為概念；此外，這些概念可能包含某種取自經驗之物，或也包含某種虛構之物，或從知性的本性借來的某種東西。——概念的這種邏輯起源——僅就形式而言的起源——在於反思，透過反思產生了多個客體共有的表象（conceptus communis），以作爲判斷力要求的形式。因此，在邏輯學中，在概念上僅探討反思的區別。

附釋2　就質料而言，一個概念要麼是經驗性的，要麼是任意的或理智的，概念在質料方面的起源是形而上學中所要思考的。

六、比較、反思和抽象的邏輯行爲

形式上，自概念產生的邏輯行爲是：

1. 比較，也就是說，各表象在與意識的統一性關係中互相比較；
2. 反思，也就是說，如何才能把不同表象涵蓋在一個意識中的思考；最後
3. 抽象或隔離：在被給予的表象中，有所區別的所有其餘之物。

※　※　※

附釋1　因此，爲了以表象製成概念，人們必須能夠比較、反思和抽象，因爲知性的這三種邏輯操作是產生任何一般概念的根本及普遍條件。例如：我看到一棵雲杉、一棵柳樹和一棵椴樹。當我首先比較這些對象時，我發現，它們在樹幹、樹枝、葉子等方面彼此不同；但現在，我隨即只反思：它們彼此共有的東西，即：樹幹、樹枝、葉子本身，並抽象掉它們的大小、形狀等，這樣我就得到了關於樹的概念。

附釋2　在邏輯學中，人們並非總能正確使用抽象這個表述。我們切不可說：抽出某物（abstrahere aliquid），而必須說：抽掉某物（abstrahere ab aliquo）。例如：當我在鮮紅的布中只想到紅色時，我就是抽掉了布；如果我把這也抽掉，並把鮮紅色當做一般物質材料來思考，我們就抽掉了更多的規定，而我的概念也因而變得更爲抽象。因爲從一個概念中刪去的事物區別越多，或說，越多抽掉概念中的規定，概念就越抽象。因此，眞正說來，人們應當把抽象概念稱爲進行抽象的概念（conceptus abstrahentes），也就是說，發生在其中的許多抽象概念。例如：眞正說來，物體概念並不是抽象概念，因爲我不能抽掉物體本身，否則我就不能有關於物體的概念。但是，我必須抽掉大小、顏色、硬度或流動性。簡言之，抽掉特殊物體的一切種屬規定。最抽象的概念是與同它不同之物並不共有任何東西的概念。關於某物的概念就是這樣，因爲與它不同的東西是無，因此它與某物不共有任何東西。

附釋3　抽象只是能在普遍有效的表象之下產生的否定性條件，肯定性的條件是比較和反思。因爲透過抽象，沒有任何概念生成，抽象只是完成概念，並將其涵蓋在它的明確界限內。

七、概念的內涵和外延

每個概念，作為分概念，都包含在事物的表象中，而作爲知識根據，亦即作爲特徵，這些事物則涵蓋於其下。在前一種考慮中，每個概念都有一個內涵，在後一種考慮中，都有一個外延。

一個概念的內涵和外延成反比。也就是說，一個概念之下涵蓋的越多，之中包含的就越少，反之亦然。

※　※　※

附釋　概念的普遍性或普遍有效性並非源於概念是一個分概念，而是基於它是一個知識根據。

八、概念外延的大小

一個概念，能處於其下並透過它被思維的事物越多，它的外延或範圍就越大。

附釋　就像關於一個所謂的根據，人們說它把結果包含於其下一樣，關於概念，人們也能說，作為知識根據，它包含了所有它被抽掉的事物。例如：金屬的概念把金、銀、銅等包含於其之下。因爲既然每個概念作爲普遍有效的表象，都包含不同事物的許多表象共有的東西，所有這些就此被包含於其下的事物就都能透過它被表象。正是這一點，構成了一個概念的可用性。於是，能透過一個概念被表象的事物越多，這個概念的範圍就越大。例如：物體概念的外延就大於金屬概念的外延。

※　　※　　※

九、較高的概念和較低的概念

一個概念下面，若有其他概念，它就叫做較高的概念（conceptus superiores），與之相比，那些其他概念就被稱爲較低的概念。一個特徵的特徵——遠離的特徵——是一個較高的概念，與一個遠離的特徵相關者則是一個較低的概念。

附釋　既然較高的概念和較低的概念只是相對而言（respective）如此稱之，所以，同一個概念在不同關係中，就能同時是一個較高的概念和一個較低的概念。例如：人的概念相較於黑人的概念就是一個較高的概念，相較於動物的概念就是一個較低的概念。

※　※　※

十、屬和種

對較低的概念來說，較高的概念叫做屬（genus），而較低的概念對其較高的概念來說叫做種（species）。

就像較高的概念和較低的概念一樣，屬的概念和種的概念也不是就其本性，而是就其在邏輯隸屬中的相互關係（termini a quo或者ad quo）而言來做區分。

十一、最高的屬和最低的種

最高的屬爲不是種的屬（genus summum non est species），就像最低的種爲不是屬的種（species, qua non est genus, est infima）一樣。

然而，根據連續律，既不能有最低的種，也不能有最近的種。

※　※　※

附釋　如果我們設想一系列互相隸屬的許多概念，例如：鐵、金屬、物體、實體和物，則我們在此就獲得越來越高的屬——因爲任何種都就其較低的概念來說總能同時被視爲屬。例如：就哲學家概念而言學者概念就能被視爲屬——直到我們最終達到一個不再能夠是種的屬。而且我們最終必然能達到這樣的屬，因爲畢竟最終必須有一個最高的概念（conceptum summum），爲了不使整個概念消失對它不能再抽掉任何東西，但是，一個最低的概念（conceptum infimum）或一個在其下不再包含任何別的種的最低的種，在種和屬的系列中是不存在的，因爲不可能規定這樣一個概念。即便我們有直接運用於個體的概念，就它而言，也畢竟可能還存在著我們要麼沒有覺察、要麼忽略的種差。唯有相對於應用，才有最低的概念，它們彷彿是人們一致同意不再更深入時，透過約定俗成獲得這種意義。

因此，就種屬概念而言，適用的是如下的普遍法則：有不再是種的屬，但沒有據說不再是屬的種。

十二、較寬的概念和較窄的概念——代換概念

較高的概念也叫做較寬的概念；較低的概念也叫做較窄的概念。具有同樣範圍的概念被稱爲代換概念（conceptus reciproci）。

十三、較低的概念與較高的概念、較寬的概念與較窄的概念的關係

較低的概念並不包含在較高的概念之中，因爲它自身包含的更多比較高的概念；但它畢竟包含在較高的概念之下，因爲較高的概念包含著較低概念的知識根據。

此外，一個概念比另一個概念更寬，不是因爲它在其下包含更多——因爲人們沒辦法知道這一點——而是就它把另一個概念及除此之外的更多概念包含在自身之下而言。

十四、概念隸屬方面的普遍規則

在概念的外延方面，適用以下普遍規則：

1. 凡適合較高的概念或與之矛盾的，也適合包含在那個較高概念之下的所有較低概念或與之矛盾者。

2. 反之：凡適合所有較低概念或與之矛盾者，也適合其較高概念或與之矛盾者。

※　※　※

附釋　由於事物之中一致的部分，都來自其**普遍**的屬性，而事物之中的不同部分，都來自其**特殊**的屬性，所以人們不能推論說：凡適合一個較低的概念或與之矛盾者，也適合與它一起屬於一個較高概念的其他較低概念或與之矛盾者。例如：人們不能推論說：凡不適合人的，也不適合天使。

十五、較高概念和較低概念的產生條件：邏輯抽象和邏輯規定

透過持續的邏輯抽象，產生出越來越高的概念，就像反之，透過持續的邏輯規定，產生出越來越低的概念。最大可能的抽象給出最高或者最抽象的概念——不能再想去掉任何規定的概念。最高的圓滿規定會產生一個被通盤規定的概念（conceptus omnimode determinatum），也就是說，一個不能再想加上任何進一步規定的概念。

※　※　※

附釋　既然只有個別事物或個體被通盤規定，所以若有被通盤規定的知識也只是作為

直觀，但不作為概念；就概念而言，邏輯規定絕不能被視爲圓滿的（第十一節附釋）。

十六、概念的抽象使用及具體使用

每個概念都能被普遍地及特殊地（in abstacto和in concreto）使用。較低的概念就其較高的概念而言是被抽象地使用，較高的概念就其較低的概念而言是被具體地使用。

※　※　※

附釋1　抽象和具體這些表述與概念自身無關——因爲每個概念都是一個抽象概念，但倒是與其使用相關。而且這種使用又可以有不同的級別，依人們或多或少，抽象或具體地對待一個概念，亦即或多或少要麼，從它去掉或給它增加規定而定。透過抽象的使用，一個概念接近最高的屬，反之，透過具體的使用，它接近個體。

附釋2　在概念的抽象使用和具體使用中，哪種使用比另一種更優越？對此不能作出任何裁定。不能把一種使用的價值評估爲小於另一種使用的價值。透過很抽象的概念，我們在許多事物上知之甚少，透過很具體的概念，我們在少數事物上知之甚多；因此，我們在其中一方面獲得的，又在另一方面失去。範圍大的概念，就人們能把它運用於許多事物來說，是很有用的；但它裡面包含的東西也因而更少。例如：在實體這個概念中，我想到的就不如在粉筆的概念中想到的多。

附釋3　通俗性的藝術在於，在同一知識的抽象介紹與具體介紹之間，因而要在概念及無論就外延或內涵而言，均使概念達到知識最大值的闡述之間找到合適的關係。

第二章　論判斷

十七、對一般判斷的解釋

如果不同表象構成一個概念，判斷就是其意識統一性的表象，或是其關係的表象。

十八、判斷的質料和形式

任何判斷，作爲其本質性成分而屬於它的，就是質料和形式。判斷的質料在於被給予的、在判斷中結合爲意識統一性的知識，判斷的形式在於對不同表象作爲表象而隸屬於一個意識方式的規定。

十九、邏輯反思的對象：判斷的純然形式

既然邏輯學抽掉知識所有實在的或客觀的區別，它就同於不研究概念的內容，也不研究判斷的質料。因此，它僅考慮判斷其純然形式上的區別。

二十、判斷的邏輯形式：量、質、關係和樣式

判斷在形式方面的區別可追溯到量、質、關係和樣式這四個要素。就它們而言，正好規定出這麼多不同的判斷種類。

二十一、判斷的量：全稱的、特稱的和單稱的

就量而言，判斷要麼是全稱的，要麼是特稱的，要麼是單稱的，依主詞在判斷中是完全被謂詞的概念所包含或排斥，還是僅部分被包含或排斥而定。在全稱判斷中，一個概念的範圍完全被包含在另一個概念的範圍中；在特稱判斷中，前者的一個部分被包含於後者的範圍下；最後，在單稱判斷中，一個根本沒有範圍的概念就純然作為部分包含在另一個概念的範圍下。

※　　※　　※

附釋1　就邏輯形式而言，可將使用上，單稱判斷視同於全稱判斷，因為在這兩種判斷中，謂詞無例外地適用於主詞。例如：在單稱命題「卡尤斯有死」中，和在全稱命題「所有的人都有死」中一樣不可能發生例外。因為只有一個卡尤斯。

附釋2 就一種知識的普遍性而言，在總括命題和普泛命題之間，有一種實在的區別，但這種區別當然與邏輯學無關。也就是說，總括命題：僅包含關於某些對象之共相的某種東西，因而並不包含歸攝的充分條件，例如：「人們必須使證明縝密」這個命題。普泛命題則關於一個對象普遍地斷言某種東西的命題。

附釋3 普遍的規則要麼是分析地普遍，要麼是綜合地普遍。前者抽掉差異，後者關注區別，從而也在區別方面作出規定。一個客體被想得越單純，依據一個概念的分析的普遍性就越可能。

附釋4 如果不具體地認識全稱命題，就不能看出其普遍性，也就不能用做準繩，因而在運用上就沒有啟迪的效力，而僅爲了研究在特殊場合被首先認識的東西的普遍根據而成爲課題。例如：「誰沒興趣說謊並知道真情，誰就說真話」這個命題，就無法看出其普遍性，因爲我們唯有透過經驗，才認識到其限制在無興趣者的條件上，亦即人可能出自興趣而說謊，這源於他們未堅守道德性。這是一種教會我們認識人性弱點的觀察。

附釋5 關於特稱判斷則要注意：如果它們應能透過理性而看出，因而具有一種理性的、非純然理智的（抽象了的）形式，則主詞必然是一個比謂詞更寬的概念（conceptus latior），如果謂詞在任何時候都是○，主詞是□，那麼，下圖：

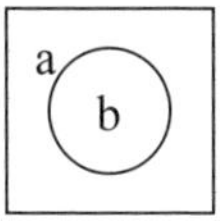

就是一個特稱判斷，屬於a下面的有一些東西是b，有一些不是b——這是自理性得出。但若為下圖：

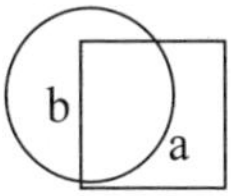

那麼，至少倘若a較小，則所有a都能夠包含在b下面，但如果a較大，則並非所有a都能包含在b之下，因此它只是以偶然的方式為特稱。

二十二、判斷的質：肯定的、否定的及無限的

就質而言，判斷要麼是肯定的，要麼是否定的，要麼是無限的。在肯定的判斷中，主詞在一個謂詞的範圍之下被思維；在否定的判斷中，主詞被設定在一個謂詞的範圍之外；而在無限的判斷中，主詞被設定在一個概念的範圍之內，而此範圍卻在另一個概念的範圍之外。

在該謂詞的範圍之外，處在無限範圍中的某處；因此，無限判斷表示謂詞的範圍是受限制的。

※　※　※

附釋1　無限判斷不僅表明：一個主詞並不包含在一個謂詞的範圍之下，還表明它

一切可能的東西要麼是A，要麼是非A。因此，如果我說：某種東西是非A，例如：人的靈魂是非有死的，一些人是非學者等，這就是一個無限的判斷。因爲這個判斷，超出A的無限範圍，而不能規定客體屬於哪個概念之下，而只能規定客體屬於A之外的範圍，眞正來說這根本不是範圍，而只是一個範圍與無限者的接壤或接壤本身。儘管排除是一種否定，但畢竟對一個概念的限制是一個肯定的行動。所以，界限爲被限制的對象的肯定性概念。

附釋2　按照排中律（exclusi tertii），一個概念的範圍相對於另一個範圍要麼是排除的，要麼是包含的。而今，既然邏輯學只談判斷的形式，而不在其內容上談概念，則區分無限的判斷與否定的判斷就不屬於這門科學。

附釋3　在否定判斷中，否定總涉及係詞，而在無限判斷中，否定涉及的就不是係詞，而是謂詞，這在拉丁語中表現得最好。

二十三、判斷的關係：定言的、假言的和選言的

就關係而言，判斷要麼是定言的，要麼是假言的，要麼是選言的。也就是說，爲了意識的統一性，判斷中被給予的表象會使一個隸屬於另一個，要麼是作爲謂詞隸屬於主詞，要麼是作爲結果隸屬於根據，要麼是作爲劃分的環節隸屬於被劃分的概念。第一種關係規定定言判斷，第二種關係規定假言判斷，第三種關係規定選言判斷。

二十四、定言判斷

在定言判斷中，主詞和謂詞構成判斷的質料，規定及表述主詞和謂詞之間關係（一致或者衝突）的形式，則叫做係詞。

※　※　※

附釋　定言判斷雖然構成其他判斷的質料，但人們切不可像許多邏輯學家那樣，相信無論假言判斷或選言判斷，都爲定言判斷的不同表述，因而全都可以歸結爲定言判斷。基於知性的本質，所有這三種判斷都有別的邏輯功能，因而必須按照其種屬的差異來衡量。

二十五、假言判斷

假言判斷的質料由兩個判斷組成，其作爲根據和結果而相互聯結。這兩個判斷中，包含根據的那一個是前件（antecedens, prius），作爲結果而與前者相關的另一個判斷則是後件（consequens, posterius），兩個判斷彼此聯結成意識的統一性的這種表象則稱爲連貫性，它構成假言判斷的形式。

※　※　※

附釋1　對於定言判斷來說是係詞之物，對假言判斷來說就是連貫性——假言判斷的形式。

附釋2　有些人相信，可以輕而易舉地把一個假言命題轉換成一個定言命題。然而，這是行不通的，因爲二者在本性上完全不同。在定言判斷中，沒有任何東西是或然的，一切都是實然的，反之，假言判斷中，只有連貫性是實然的。因此，在假言判斷中，我可以把兩個虛假的判斷彼此聯結，因爲這裡只取決於聯結的正確性——連貫性的形式，這些判斷的邏輯眞理性就是基於此。「一切物體都是可分的」和「如果一切物體都是複合的，則它們就是可分的」這兩個命題有著根本的區別。在前一命題中，我直截了當地斷定事物，在後一個命題中，我只是在一個或然表述的條件下斷定事物。

二十六、假言判斷中的聯結方式：肯定式及否定式

假言判斷中的聯結形式有兩種：肯定式（modus ponens）及否定式（modus tollens）。

1. 如果根據（前件）爲眞，則由它規定的結果（後件）也爲眞；這叫做肯定式。
2. 如果結果（後件）虛假，則根據（前件）也虛假；這叫做否定式。

二十七、選言判斷

如果一個被給予的概念範圍的各部分在整體中相互規定，或作爲補充（complementa）相互規定成一個整體，那麼，這個判斷就是選言的。

二十八、選言判斷的質料和形式

選言判斷由以複合而成之諸多被給予的判斷，構成選言判斷的質料，並被稱爲選言支或對立支。這些判斷的形式在於選言本身，亦即在於把不同判斷作爲被劃分知識的整個範圍之互斥和互相補充的各支，對其關係所做的規定。

附釋　因此，一切選言判斷都把不同的判斷表現為共處於一個範圍之中，且每個判斷都是產生自就整個範圍而言對其他判斷的限制，因此，它們規定著每個判斷與整個範圍的關係，並由此同時規定著這些不同的分支（membra disjuncta〔選言支〕）彼此的關係。因此，一個支規定著其他每個支，只要它們全都作爲一個完整知識範圍的各部分而共處，而在這個範圍之外，則無法以某種關係來設想任何東西。

※　※　※

二十九、選言判斷的獨特性質

就關係要素來看，一切選言判斷的獨特性質規定著它們與其餘判斷，特別是與直言判斷的區別，其獨特性質在於：各選言支全是或然判斷，關於它們想到的無非是，它們像一種知識範圍的各部分，每個都是在把另一個補充成整體（conplementum ad totum），合起來就等於這種知識的範圍。而且由此得出：眞理必包含在這些或然判斷的某一個之中，或者——換句話說——這些判斷中的某一個必定實然有效，因爲除了這些判斷，在給定的諸條件下該知識的範圍就不再包含任何東西，且一個條件與另一個條件彼此對立，所以既不能在它們之外有某種別的東西是眞的，在它們中間也不能有超過一個是眞的。

※　※　※

附釋　在一個定言判斷中，其表象被視爲另一個上級表象的範圍之一部分，被視爲包含在它的這個上級概念之下，因此，這裡在範圍的隸屬中，部分是自部分而與整體比較。但在選言判斷中，我卻是從整體走向所有合起來的部分。包含在一個概念的範圍之下的東西，也包含在這個範圍的其中一部分之下。據此，必須首先對範圍進行劃分。例如：當我作出選言判斷「一個學者要麼是一個歷史學者，要麼是一個理性學者」時，我由此就規定，這些概念就範圍而論，都是學者範圍的部分，但絕不是彼此的部分，而是這些部分合起來是完整的。

在選言判斷中，被劃分的概念的範圍並非被視爲包含在劃分的範圍中，而是處於被劃分的概念之下，是被視爲包含在劃分的其中一支之下，定言判斷及選言判斷的下圖比較將使這一點更爲直觀。

在定言判斷中，包含在b之下的x也包含在a之下：

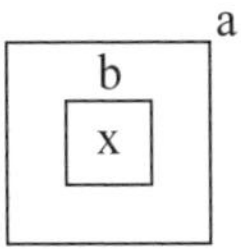

在選言判斷中，包含在a之下的x要麼包含在b之下，要麼包含在c之下諸如此類：

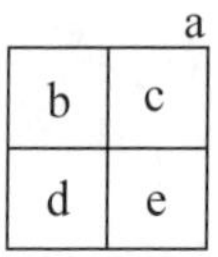

因此，選言判斷中的劃分，表明的不是整個概念各部分的同位元排列，而是其範圍的所有部分。在此，我透過一個概念思維許多事物，在前者，我透過許多概念思維一個事物，例如：透過同位元排列的所有特徵來思維被定義者。

三十、判斷的樣式：或然的、實然的和必然的

整個判斷與知識能力的關係透過樣式的要素來規定，就樣式來看，判斷要麼是或然的，要麼是實然的，要麼是必然的。或然判斷伴隨判斷之純然可能性的意識，實然判斷伴隨判斷之現實性的意識，最後，必然判斷伴隨判斷之必然性的意識。

※　※　※

附釋1　因此，樣式的要素僅表明判斷中的某樣東西被斷定或否定的方式，即：人們

是否沒有對一個判斷的眞或者非眞澄清任何東西，像在或然判斷「人的靈魂可能不死」；或人們是否就此規定了某種東西，像在實然判斷「人是有死的」；或者最後，人們是否甚至以必然性的威嚴來表述一個判斷的眞理性，像在必然判斷「人的靈魂必然不死」。因此，對純然可能的或現實的或必然的眞理性的這種規定，僅涉及判斷本身，絕不涉及判斷的事物。

附釋 2　人們也可以把或然判斷解釋成其質料是與謂詞和主詞之間的可能關係一起被給予的判斷，之中，任何時候主詞的範圍都比謂詞的範圍小。

附釋 3　判斷與命題之間的眞正區別是基於或然判斷和實然判斷之間的區別，人們通常習慣於錯誤地認爲判斷與命題的區別僅在於用詞表述，沒有這些詞人們當然到處都不能作出判斷。在判斷中，不同表象與意識的統一性的關係僅被思維成或然的，反之，在一個命題中則被思維成實然的。一個或然命題是一種contradictio in adjecto〔用詞自相矛盾〕。在我有一個命題之前，我畢竟必須先作出判斷；且我對許多我未澄清之物作出判斷，但一旦我把一個判斷規定爲命題，我就必須澄清它們。此外，在人們實然地接受判斷之前，最好先或然地作出判斷，以便以這種方式檢驗它。對我們的意圖來說，總是擁有實然判斷也沒有必要。

三十一、指稱判斷

判斷中包含著一種肯定，但同時以隱蔽的方式包含著一個否定，以至於肯定固然是清晰的，否定卻是隱蔽的，這樣的判斷是指稱命題。

※　※　※

附釋　在例如「少數人是有學問的」這個指稱判斷中，包含著：1.「多數人不是有學問的」這個否定判斷，但這是以一種隱蔽的方式；及2.「一些人是有學問的」這個肯定判斷。既然指稱命題的本性僅取決於語言條件，人們按此就能夠一下子簡短地表述兩個判斷，所以就要去注意，在我們的語言中有必然被指稱的判斷，它不是在邏輯學中，而是在語法中。

三十二、理論命題和實踐命題

與對象相關且規定什麼應歸於或不應歸於對象的命題，叫做理論命題；反之，實踐命題是陳述作爲對象的必要條件、使一個客體由以可能產生行動的命題。

※　※　※

附釋　邏輯學只探討形式上的，是就此而言，與理論命題相對立的實踐命題。在內容上，並就此而言與思辨命題不同的實踐命題，則屬於道德。

三十三、不可證命題和可證命題

能有一個證明的命題，就是可證命題；不能有任何證明的命題，被稱爲不可證命題。直接確定的命題是不可證命題，因而被視爲基礎命題。

三十四、原理

直接確定的先天判斷可以叫做原理，只要其他判斷能從它們得到證明，但它們自己卻不隸屬任何別的判斷。它們因此也被稱爲原則（開端）。

三十五、直覺的原理和論證的原理：公理和論理

原理要麼是直覺的，要麼是論證的。前者能在直觀中展現出來，且叫做公理（axiomata），後者只可以用概念來表述，且可被稱爲論理（acromata）。

三十六、分析命題和綜合命題

其確定性基於概念（謂詞與主詞的概念）同一性的命題，叫做分析命題。其眞理性非建立於概念的同一性之上的命題，必須被稱爲綜合命題。

※　　※　　※

附釋1　「物體概念（a＋b）應歸之的一切x，廣延（b）亦應歸之它」，這是分析命題的一個實例。

「物體概念（a＋b）應歸之的一切x，引力（c）亦應歸之它」，這是綜合命題的一個實例。綜合命題在質料上增加知識，分析命題僅在形式上增加知識。前者包含規定（determinationes），後者僅包含邏輯謂詞。

附釋2　分析的原則並不是公理，因爲它們是論證的。綜合的原則也只有在它們爲直

覺時才是公理。

三十七、同義反覆的命題

分析判斷中，概念的同一性要麼可以是一種表述性的（explicita）同一性，要麼是一種非表述性的（implicita）同一性。在前一種情況下，分析命題就是同義反覆的。

※　※　※

附釋1　同義反覆的命題是能力上空洞的或沒有結果的，因爲它們毫無用處。例如：同義反覆命題「這人是人」就是這類命題。因爲如果關於這個人我除了知道他是人之外，什麼也不知道，則關於他我就根本沒有進一步知道任何東西。

反之，非表述性的同一命題不是無結果的或無成果的，因爲它透過展開（explicatio），使未展開地（implicite）包含於主詞概念中的謂詞成爲清楚的。

附釋2　無結果的命題必須與無意義的命題區別開來，後者在理解上之所以空洞，乃是因爲它們涉及的，是對所謂隱秘的屬性（qualitates occultae）的規定。

三十八、公設和問題

公設是一個實踐的、直接確定的命題，或是規定一個可能行動的原理，對這個可能行動來說，前提條件爲：實施它的方式是直接確定的。

問題（problemata）是可證的、需要一種指導的命題，或陳述一個其實施方式並不直接確定之行動的命題。

※　　※　　※

附釋1　也有爲了實踐理性的理論公設。這就是理論的、在實踐理性意圖中必要的假說，如上帝存在、自由及來世的假說。

附釋2　屬於問題者有：1.包含應爲之事的詢問。2.包含能成爲應爲之事的方式的解答。3.如果我如此行事，我要求的事就將發生的演證。

三十九、定理、繹理、外來命題和注疏

定理是能夠且需要有一個證明的命題。繹理是產生自某一個先行命題的直接結果。科學中預設爲已得證的命題，非來自本門科學，而是借自其他科學，則叫做外來命題

（lemmata）。最後，注疏純然是解釋性的命題，因此它們並不作為屬於體系的整體環節。

※　※　※

附釋　每一個定理的根本及普遍的要素是論題和演證。此外，人們也可以把定理與繹理的區別設定在：繹理是直接推論而來，反之，定理則是得自直接確定的命題的一系列結果。

四十、知覺判斷和經驗判斷

知覺判斷是純然主觀的，來自知覺的客觀判斷則是經驗判斷。

※　※　※

附釋　來自純然知覺的判斷之所以可能，無非是因為，我把我的表象當做知覺來陳述：知覺到一座塔樓的我，在它上面知覺到紅的顏色。但是我不能說：它是紅的。因為這不僅是一個經驗性的判斷，而會是一個經驗判斷，也就是說，是一個我藉以對客體獲得一個概念的經驗性判斷。例如：「在觸及石頭時我感覺到熱」，這是一個知覺判斷；反之，「石頭是熱的」，這是一個經驗判斷。對於後一判斷來說，我未把僅在我的主體裡面的東西歸給客體，因為一個經驗判斷就是由客體的一個概念產生的知覺，例如：「月亮中，光點是在空氣中運動，還是在我的眼睛中運動。」

第三章　論推理

四十一、一般推理

推理可以被理解爲從一個判斷推導出另一個判斷的思維功能。因此，一個一般推理就是把一個判斷從另一個判斷推導出來。

四十二、直接推理和間接推理

所有推理要麼是直接的，要麼是間接的。

一個直接推理（consequentia immediata）就是無須一個仲介判斷（judicium intermedium），就把一個判斷從另一個判斷推導出來（deductio）。如果人們爲了從中推導知識，除了一個判斷自身所包含的概念，還需要其他概念，則這樣的推理就是間接的。

四十三、知性推理、理性推理和判斷力推理

直接推理也叫知性推理，反之，所有間接推理要麼是理性推理，要麼是判斷力推理。在此，我們先討論直接推理或知性推理。

四十四、知性推理的獨特本性

一切知性推理的根本特性及其可能性原則，僅在於判斷的純然形式的一種改變，而判斷的質料，即主詞和謂詞，則保持同一不變。

※　※　※

附釋1　由於在知性推理中被改變的只是判斷的形式而絕非其質料，這些推理就與一切間接推理有本質上的區別。在間接推理中，諸判斷即便在質料上也各不相同，因爲在此必須添加一個新概念來作爲仲介判斷，或作爲中項概念（terminus medius），以便把一個判斷從另一個判斷中推論出來。例如：如果我推論說：所有人都有死，所以卡尤斯也有死，那麼，這不是一個直接推理。因爲在這裡，爲了推論，我還需要一個仲介判斷：卡尤斯是一個人；但是，透過這個新的概念，判斷的質料被改變了。

附釋2　在知性推理中，固然也可以構成一個judicium intermedium〔仲介判斷〕，但在這種情況下，這個仲介判斷就僅是同義反覆。例如：在「所有人都有死，一些人是人，所以一些人有死」這個間接推理中，中項概念是一個同義反覆的命題。

四十五、知性推理的樣式

知性推理貫穿判斷邏輯功能的所有類別，因此其主要方式爲透過量、質、關係和樣式這些要素來規定。以下，便基於此對這些推理做出劃分。

（一）透過從屬判斷進行的知性推理（與判斷的量相關）

在per judicia subalterna〔透過從屬判斷進行的〕知性推理中，兩個判斷在量上有所區別，而且在這裡，從全稱判斷推導出特稱判斷，依據的原理是：從普遍到特殊的推理有效（ab universali ad particulare valet consequentia）。

※　※　※

附釋　一個判斷如果包含在另一個判斷之下，就叫從屬的，例如：特稱判斷就包含在全稱判斷之下。

（二）透過對立判斷進行的知性推理（與判斷的質相關）

在這類知性推理中，變化涉及判斷的質，確切地說，與對立有關。而今，既然這種對立是一種三重對立，由此就產生以下對直接推理的特殊劃分：透過矛盾對立的判斷進行、透過反對對立的判斷進行，透過次反對對立的判斷進行。

附釋　透過對等判斷（judicia aequipollentia）進行的知性推理，眞正說來，不能被稱爲推理，因爲在此並沒有產生結果，它們毋寧應當被視爲表示同一概念語詞的純然替換，在此即便在形式上，判斷本身也保持不變。例如：「並非所有人都是有德性的」和「一些人不是有德性的」。兩個判斷說的是同一件事。

※　　※　　※

1. 透過矛盾對立的判斷進行的知性推理

在透過互相矛盾對立並如此構成眞正的、純粹的對立的判斷進行的知性推理中，矛盾對立的判斷一個「爲眞」，是從另一個「爲假」推論出來的，反之亦然。因爲這裡出現的眞正對立包含的，不多不少就是屬於對立之物。因此依據排中律，兩個矛盾的判斷不能皆爲眞，但也同樣不能皆爲假。因此，如果一個爲眞，則另一個爲假，反之亦然。

2.透過反對對立的判斷進行的知性推理

反對的或牴觸的判斷（judicia contrarie opposita）是這樣一些判斷：它們之中，若一個普遍肯定，另一個則普遍否定。既然它們之中的一個判斷說的多於另一個判斷，且在另一個判斷的純然否定之外所說的多餘成分中可能有虛假，所以，固然它們不能皆爲眞，但卻能夠皆爲假。因此，就這兩個判斷而言，從一個判斷之眞到另一判斷之假的推理有效，但反之並不然。

3.透過次反對對立的判斷進行的知性推理

次反對的判斷是這樣一些判斷：它們之中，一個特稱（parti-culariter）所肯定或否定的，則是另一個特稱否定或肯定的。

既然它們能夠皆爲眞，卻不能夠皆爲假，因此就它們來說，唯有如下推理有效：如果這些命題中的一個為假，則另一個命題為真，但反之並不然。

※　※　※

附釋　在次反對的判斷中，並沒有出現純粹、嚴格的對立，因爲在一個判斷中，並非就同樣一些客體來否定或肯定：在另一判斷中所肯定或否定之物。例如：在「一些人是有學問的，因此一些人不是有學問的」這個推理中，在前一個判斷中並非就同一些人來斷定：在另一個判斷中所否定之物。

（三）透過換位判斷或透過換位進行的知性推理（與判斷的關係相關）

透過換位進行的直接推理涉及判斷的關係，且在於主詞和謂詞在兩個判斷中的更易，使一個判斷的主詞成爲另一個判斷的謂詞，反之亦然。

四十六、純粹換位和有變換位

換位時，判斷的量要麼被改變，要麼保持不變。在前一種情況，因被換位者（conversum）與換位者（convertente）在量上有所不同，所以這種換位叫做有變換位（conversio per accidens）；在後一種情況，這種換位則被稱爲純粹換位（conversio simpliciter talis）。

四十七、換位元的普遍規則

就透過換位進行的知性推理而言，以下的規則有效：

1. 全稱肯定判斷只能是有變換位；因爲這些判斷中的謂詞是較寬的概念。因此，謂詞

118

中只有一些東西包含在主詞中。

2. 但是，全稱否定判斷則可以是純粹換位；因爲在此，主詞被從謂詞的範圍裡取出。

3. 最後，特稱肯定判斷可以是純粹換位；因爲在這些判斷中，主詞範圍的一個部分被歸攝在謂詞之下，因此也可以把謂詞範圍的一個部分歸攝在主詞之下。

※ ※ ※

附釋1 在全稱肯定判斷中，主詞被視爲謂詞的一個contentum〔被含之物〕，因爲它包含在謂詞的範圍之下。因此，我只可以推理說：所有人都有死，因此，被包含在有死者概念之下的，有一些是人。但是，全稱否定判斷就可以純粹換位，其原因就是：兩個全稱的矛盾概念是在同樣的外延中相矛盾的。

附釋2 有些全稱肯定判斷固然也可以是純粹換位元，但其根據卻不在於形式，而在於其質料的特殊性，例如：「一切不變者都是必然的」和「一切必然者都是不變的」這兩個判斷。

（四）透過換質判斷進行的知性推理（與判斷的樣式相關）

透過換質進行的直接推理，其方式在於這樣一種判斷的更易（metathesis）：在這種移位時，唯有量保持同一，而質卻被改變。它們僅涉及判斷的樣式，因爲它們是把一個實然判斷轉變爲一個必然判斷。

四十八、換質的普遍規則

就換質來說，有效的普遍規則是：

所有全稱肯定判斷均可純粹換質。因爲如果主詞包含在自身之下的謂詞被否定，從而整個範圍都被否定，那麼，它的其中一部分，亦即主詞，也必然被否定。

※　※　※

附釋1　因此，就換位僅改變量，換質僅改變質而言，判斷因換位而更易及因換質而更易是相互對立的。

附釋2　上述幾種直接推理方式僅與定言判斷相關。

四十九、一般理性推理

理性推理是透過把一個命題的條件歸攝在一個給定的普遍規則之下，而面對其必然性的知識。

五十、所有理性推理的普遍原則

所有透過理性進行的推理其有效性所基於的普遍原則，可明確地表述爲以下程式：

處於一個規則的條件之下者，也處於該規則本身之下。

※　※　※

附釋　理性推理以一個普遍規則和歸攝在這個規則的條件之下爲前提。由此，人們不是在個別中認識先天結論，而是把它認做包含在普遍之中，認做必然處在某條件之下。一切都處在普遍之下，且在普遍的規則中可以規定，這點正是合理性或必然性的原則（principium rationalitatis sive necessitatis）。

五十一、理性推理的根本組成

每個理性推理，包括以下三個根本成分：

1. 被稱爲大前提（propositio major）的普遍規則。
2. 把一個知識歸攝在普遍規則之下、叫做小前提（pro-positio minor）的命題。
3. 最後，就被歸攝的知識來肯定或否定規則的謂詞命題：結論（conclusio）。

前兩個命題相互結合，被稱爲先行命題或前提。

附釋　規則是在一個普遍條件之下的斷言。條件與斷言的關係，亦即：後者處在前者之下，就是規則的指稱者。

條件（在某個地方）出現的知識，就是歸攝。

被歸攝在條件之下之物與規則的斷言的結合，就是推理。

※　※　※

五十二、理性推理的質料和形式

理性推理的質料存在於先行命題或前提之中，理性推理的形式存在於結論之中，只要它包含著連貫性。

※ ※ ※

附釋1　因此，在任何理性推理中，首先要檢驗前提的眞理性，其次檢驗連貫性的正確性。在指責一個理性推理時，切不可先指責結論，而始終要麼先指責前提或指責連貫性。

附釋2　在任何理性推理之中，一旦被給予前提和連貫性，就可以馬上得出結論。

五十三、理性推理劃分爲定言的、假言的和選言的

一切規則（判斷）都將知識雜多之意識的客觀統一包含在內，從而包含著一個條件；在此條件之下，一個知識和另一個知識同屬於一個意識。但現在，只能設想這種統一的三個條件，亦即：諸特徵其自存性的主體，或一種知識對另一種知識的依存性的根據，或最後，整體中各部分（邏輯劃分）的結合。因此，也只能有同樣多的普遍規則（大前提），一個判斷出自另一判斷的連貫性以它們爲仲介。

一切理性推理的劃分爲定言的、假言的和選言的，其根據就在於此。

※　※　※

附釋1　理性推理既不能按照量來劃分，因爲任何大前提都是一個規則，從而是某種普遍之物；也不能就質而言來劃分，因爲不管結論是肯定或是否定的，都同樣有效；最後，也不能就樣式來劃分，因爲結論總伴隨著必然性的意識，因而有一個必然命題的威嚴。所以，就只剩下關係來作爲理性推理之唯一可能的劃分根據。

附釋2　許多邏輯學家都只把定言的理性推理視爲正常的，而把其餘的理性推理視爲非正常的。然而，這是沒有根據且錯誤的。因爲這三種推理都是理性的同樣正確、但彼此間的功能又有根本差異的產物。

五十四、定言的、假言的和選言的理性推理之間的獨特區別

上述三種理性推理的區別在於大前提。在定言的理性推理中，大前提是一個定言命題，在假言的理性推理中，大前提是一個假言命題或者或然命題，而在選言的理性推理中，大前提是一個選言命題。

（一）定言的理性推理

在每個定言的理性推理中，都有三個主要概念（termini），亦即：

1. 結論中的謂詞，這個概念叫做大概念（terminus major），因爲它的範圍比主詞的範圍更大。
2. （結論中的）主詞，其概念叫做小概念（terminus minor）。
3. 一個仲介特徵（nota intermedia），它叫做中項概念（terminus medius），因爲一個知識透過它而被歸攝在規則的條件之下。

附釋　上述概念的這種區別只出現在定言的理性推理中，因爲只有定言的理性推理才透過一個中項概念來推論；反之，其他理性推理只透過一個在大前提中或然地，和在小前提中實然地表現命題的歸攝來推論。

※　　※　　※

五十五、定言的理性推理的原則

所有定言的理性推理的可能性及有效性基於原則如下：

應歸於一個事物的特徵者，也應歸於事物本身；與一個事物的特徵相矛盾者，也與事物本身相矛盾（nota notae est nota rei ipsius; repugnans notae, repugnant rei ipsi）。

※　※　※

附釋　從剛剛提出的原則中，可輕易地演繹所謂dictum de omni et nullo〔全稱肯定和否定命題〕，且因此，無論它對一般理性推理或對特殊的定言理性推理來說，都不能不被視爲最高的原則。

也就是說，屬概念和種概念是處在這些概念下的一切事物的普遍特徵。據此，這裡有效的規則是：應歸於屬或種或者與之相矛盾者，也應歸於包含在該屬或種或與之相矛盾者之下的一切客體。這個規則才叫做dictum de omni et nullo〔全稱肯定和否定命題〕。

五十六、定言的理性推理的規則

從定言的理性推理的本性和原則中，得出以下規則：

1. 任何定言的理性推理中，所包含的主要概念（termini）只能是三個，不能多也不能少；因爲我在這裡應當透過一個仲介特徵把兩個概念（主詞和謂詞）結合起來。

2. 先行命題或前提不可以全都是否定的（ex puris negativis nihil sequitrur〔從純粹否

定的命題不能得出任何東西〕）；因爲小前提中，陳述一個知識處在規則條件之下的歸攝必須是肯定的。

3. 前提也不可以全都是特稱（particulare）命題（ex puris particularibus nihil sequitur〔從純粹特稱的命題不能得出任何東西〕）；因爲在這種情況下，就會沒有任何規則，也就是說，沒有能夠從中推論出一個特殊知識的全稱命題。

4. 結論永遠遵循推理的較弱部分；也就是說，遵循前提中的否定命題和特稱命題，它們被稱爲定言的理性推理的較弱部分（conclusio sequitur partem debiliorem〔結論遵循較弱的部分〕）。因此，

5. 如果先行命題中有一個命題是否定命題，那麼，結論就必須也是否定的；

6. 而且如果一個先行命題是一個特稱命題，那麼，結論也必須是特稱的。

7. 在所有定言的理性推理中，大前提必須是一個全稱命題（universalis），但小前提必須是一個肯定命題（affirmans）。

8. 最後，由此得出：結論就質而言，必須遵循大前提，但就量而言必須遵循小前提。

※　※　※

附釋　任何時候，結論都必須遵循前提中的否定命題和特稱命題，這很容易看出來。如果我使小前提只是特稱的，並且說：一些東西包含在規則之下，那麼，我在結論中也

只能說，規則的謂詞應歸於一些東西，因爲我並未把比更多東西歸攝在規則之下。如果我把一個否定命題當做規則（大前提），那麼，我就必須也使結論是否定的。因爲如果大前提說：就處在規則條件下的一切而言，這個或那個謂詞必須被否定，那麼，結論也就必須被歸攝在規則條件下的東西（主詞）而言，去否定謂詞。

五十七、純粹的和混合的定言理性推理

如果一個定言的理性推理中沒有混入直接推理，前提的合乎法則的次序也沒被改變，則該推理就是純粹的（purus）；否則，它就被稱爲一個不純粹的或混合的定言理性推理（ratiocinium impurum oder hybridum）。

五十八、透過命題的換位進行的混合理性推理——格

透過命題的換位而產生，因而這些命題的位置並不是合乎法則的位置的推理，這就被算做混合的推理。這種情況出現在定言的理性推理的後三個所謂格中。

五十九、推理的四個格

格可以被理解爲推理的四種方式，它們的區別是透過前提及其概念的特殊位置來規定。

六十、透過中概念的不同位置規定其區別的根據

也就是說，眞正說來在此取決於中項概念的位置。中項概念要麼可以：

1. 在大前提中占主詞的位置並在小前提中占謂詞的位置。
2. 要麼在兩個前提中都占謂詞的位置。
3. 要麼在兩個前提中都占主詞的位置。
4. 最後，在大前提中占謂詞的位置並在小前提中占主詞的位置。四個格的區別就是透過這四種情況來規定。S表示結論的主詞，P表示結論的謂詞，M表示中項概念，則所謂四個格的圖式可以表示如下：

M P S M	P M S M	M P M S	P M M S
S P	S P	S P	S P

六十一、唯一合乎法則的第一格的規則

第一格的規則是：**大前提**是一個全稱命題，**小前提**是一個肯定命題。而既然這必須是一切一般定言的理性推理的普遍規則，由此就得出，第一格是唯一合乎法則的格，是所有其餘各格的基礎，且如果所有其餘各格應當有效的話，都必須能夠透過前提的換位（*metathesin* praemissorum）還原成第一格。

※　※　※

附釋　第一格能夠有具有一切量和質的結論。在其餘各格中，只有某種結論；結論的一些式在這裡被排除了。這已經表明，這些格不完善，且有某些限制，這些限制使結論不能像在第一格中那樣出現在所有的式中。

六十二、後三個格還原成第一格的條件

在後三個格有效的條件下，每一個格中都有一個推理的正確式是可能的，這個條件歸結爲：**中項概念**在命題中獲得這樣一個位置，由它透過直接推理（consequentias immediatas）產生出其遵照第一格的規則的位置。——由此得出後三個格的如下規則。

六十三、第二格的規則

在第二格中，小前提正常，因此大前提必須換位，確切地說，它必須保持全稱（universalis）。這唯有在它全稱否定的情況下才有可能；但如果它是肯定的，則它就必須換質。在這兩種情況下，結論都是否定的（sequitur partem debiliorem〔它遵循較弱的部分〕）。

附釋　第二格的規則是：一個事物的一個特徵與什麼東西相矛盾，這個東西就與事物本身相矛盾。在此，我必須先換位，並且說：一個特徵與什麼東西相矛盾，這個東西就與該特徵相矛盾，或者我必須把結論換位：一個事物的一個特徵與什麼東西相矛盾，事物本身就與這個東西相矛盾，因而這個東西就與事物相矛盾。

※　※　※

六十四、第三格的規則

在第三格中，大前提正常，因此小前提必須換位；不過是這樣換位，即由此產生一個肯定命題。但這唯有在肯定命題特稱的時候才有可能，因此，結論是特稱的。

附釋　第三格的規則是：應歸於一個特徵或與之相矛盾之物，也應歸於包含在這個特徵下的一些事物或與之相矛盾者。在此我才必須說：它應歸於包含在這個特徵之下的一切事物或與之相矛盾者。

※　※　※

六十五、第四格的規則

如果在第四格中，大前提是全稱否定的，那麼它就可以純粹（simpliciter）換位，小前提特稱時亦復如是；因此，結論是否定的。反之，如果大前提是全稱肯定的，則它只可以要麼換位，要麼換質；所以結論要麼是特稱的，要麼是否定的。如果結論不應換位（PS轉換成SP），那麼，就必須對前提進行更易（metathesis praemissorum）或對兩個前提進行換位（conversio）。

※　※　※

附釋　在第四格中是這樣推理的：謂詞依附於中項概念，中項概念依附於（結論的）主詞，所以主詞依附於謂詞；但這根本不是得出的，而充其量是它的被換位者。爲了使這可能，就必須使大前提成爲小前提，反之亦然，並且把結論換位，因爲在前一種變化中，小概念轉變成了大概念。

六十六、關於後三個格的總結論

從後三個格的上述規則可以看出：

1. 這三個格的任何一個之中都沒有全稱肯定的結論，結論要麼永遠是否定的，要麼是特稱的。

2. 在每個格中，都混入一個直接推理（consequentia immediata），這個直接推理雖然沒有明確標出，但卻必須默認。

3. 因此所有這後三個格的推理都不可被稱爲純粹的推理，而必須稱爲非純粹的推理（ratiocinia hybrida, impura），因爲每個純粹的推理都不能多於三個主要命題（termini）。

（二）假言的理性推理

假言推理是以一個假言命題爲大前提的推理。因此，它由以下兩個命題構成：1.一個先行命題（antecedens）。2.一個後隨命題（consequens）。且要麼按照modo ponente〔肯定式〕，要麼按照modo tollente〔否定式〕來推論。

※　※　※

附釋1　因此，假言的理性推理沒有中項概念，而是在這些推理中，指明了一個命題出自另一個命題的連貫性。也就是說，在假言的理性推理的大前提中，表述了兩個命題相互出自對方的連貫性，其中，第一個命題是前提，第二個命題是結論。小前提是或然的條件轉變成一個定言的命題。

附釋2　假言推理只由兩個命題組成，而沒有一個中項概念，由此就可看出：眞正說來它並不是理性推理，而毋寧只是一個直接推理，按照質料或形式從一個先行命題和一個後隨命題得到證明（consequentia immediata demonstrabilis〔ex antecedente et consequente〕vel quoad materiam vel quoad formam）。

每個理性推理都應當是一個證明。但假言的理性推理只帶有證明的根據。由此也可清楚看出，它不可能是理性推理。

六十七、假言推理的原則

假言推理的原則是理由律：A ratione ad rationatum; a negatione rationati ad negationem rationis valet consequentia〔從理由到結論、從對理由的否定到對結論的否定的推理有效〕。

（三）選言的理性推理

在選言推理中，大前提是一個選言命題，因此作爲這樣的命題，必然有劃分支或選言支。

在此裡，1.要麼從一個選言支的眞，推論到其餘選言支的假；2.要麼從一個選言支之外的所有選言支的假，推理到這個選言支的眞。前者是透過modum ponentem〔否定式〕（或者ponendo tollentem〔肯定否定式〕）進行，後者是透過modum tollentem〔肯定式〕（或者tollendo ponentem〔否定肯定式〕）進行。

※　※　※

附釋1　一個選言支之外的所有選言支合起來，構成這個選言支的矛盾對立面。因而，在此出現了一種二分法，按照這種二分法，若二者中一者爲眞，則另一者必爲假，反之亦然。

附釋2　因此，眞正說來一切具有多於兩個選言支的選言理性推理，都是多重推理。因爲一切眞正的選言都只能是bimembris〔兩支的〕，邏輯劃分也是兩支的，但爲了簡短起見，membra subdividentia〔次劃分的支〕被置於membra dividentia〔原劃分的支〕之下。

六十八、選言的理性推理的原則

選言的理性推理的原則是排中律：A contradictorie oppositorum negatione unius ad affirmationem alterius, a positione unius ad negationem alterius valed consequentia〔從對矛盾對立面中其中一個的否定到對另一個的肯定、從對其中一個的肯定到對另一個的否定的推理有效〕。

六十九、二難推理

二難推理是一種假言選言推理，或是一個後件爲一選言判斷的假言推理。一個假言命題，其後件爲選言者，是大前提；若小前提肯定後件（per omnia membra〔透過所有選言支〕）爲假，而結論則肯定前件爲假（A remotione consequentis ad negationem antecedentis valet consequentia〔從排除後件到否定前件的推理有效〕）。

附釋　古人們用二難推理搞出很多名堂，並把這種推理稱爲cornutus〔有角者辯〕。他們善於這樣來把對手逼入困境，即他們歷數對手能夠求助的一切，然後也向他反駁這一切。他們向對手指出，其接受的任何意見都有許多困難。但是，不直接反駁命題，而只是指出困難，這是一種詭辯的技巧；儘管在許多甚至極多事物上是可行的。

如果我們想馬上把這一切存在困難的東西都宣布爲虛假的，那麼擯棄一切就是一種輕而易舉的遊戲。雖然指出對立面的不可能性是好的，然而，如果人們把對立面的不可理解性視爲它的不可能性，其中就有某種騙人的東西。因此，二難推理即便能夠正確推理，自身也有許多尷尬之處。它們能被用來爲眞命題辯護，但也透過人們針對眞命題提出的困難被用來攻擊眞命題。

※　※　※

七十、正規的理性推理和隱蔽的理性推理（ratiocinia formalia und cryptica）

正規的理性推理不僅在質料上包含一切所需之物，且在形式上也表述正確和完備的理性推理。與正規的理性推理相對立者，是隱蔽的（cryptics）理性推理，之中的一切前提被更易，或其中一個前提被忽略，最後，或唯有中項概念與結論結合的理性推理，都能算做隱蔽的理性推理。之中沒有表述，而只是一同想到某一前提的第二種隱蔽的理性推理，叫做殘缺的理性推理或省略的理性推理。第三種隱蔽的理性推理被稱爲收縮的理性推理。

判斷力推理

七十一、規定的判斷力和反思的判斷力

判斷力有兩種：規定的判斷力或反思的判斷力。前者從普遍到特殊，後者從特殊到普遍。後者只有主觀的有效性，因爲它從特殊前進到普遍，這種普遍只是一種經驗性的普遍性——一個純屬邏輯的普遍性的類似物。

七十二、（反思的）判斷力的推理

判斷力推理是某些從特殊概念到普遍概念的推理方式。因此，這不是規定的判斷力的功能，而是反思的判斷力的功能；因此，它們也不規定客體，而僅規定爲達到知識而反思客體的方式。

七十三、這些推理的原則

判斷力推理的根據原則是：多在一中相一致並非沒有一個共同根據，而是以這種方式應歸於多者，出自一個共同的根據而是必然的。

附釋　既然判斷力推理以這樣一個原則爲根據，則它們因而不能被視爲直接推理。

※　　※　　※

七十四、歸納和類比——判斷力的兩種推理方式

判斷力爲了從經驗出發，因而並非先天地（經驗性地）得出全稱的判斷，而是在從特殊前進到普遍時，要麼從一個種的許多事物推論到所有事物，要麼從同一種事物裡面一致的許多規定和屬性，推論到其餘的規定和屬性，只要它們屬於同一個原則。前一種推理方式叫做透過歸納進行的推理，後一種叫做依據類比進行的推理。

※　　※　　※

附釋 1　因此，從特殊推論到普遍（a particulari ad universale），歸納依據的是普遍

化原則：應歸於一個屬的許多事物者，也應歸於其餘的事物。類比從兩個事物的局部相似性推論到全部的相似性，依據的是類屬化原則：如果人們從一個屬的事物中認識到許多一致之處，則當人們從該屬的一些事物中認識到這些事物，則在另一些事物中，未察覺的部分上也是一致的。歸納就許多對象而言，把被經驗性地給予之物從特殊擴展到普遍，反之，類比把同一事物的被給予的屬性擴展到同一事物的更多屬性。——「一種東西在多個事物中，因而那種東西在一切事物中」，這是歸納；「多種東西在一個事物中（也在其他事物中），因而其餘的東西亦在此事物中」，這是類比。例如：從每一個造物的自然稟賦的完全發展來證明不死性的根據，就是一種依據類比進行的推理。

此外，依據類比進行的推理並不要求根據的同一性（par ratio）。我們依據類比只能推論到有理性的月球居民，而不能推論到人。依據類比，人們也不能推論到tertium comparationis〔比較的第三者〕之外。

附釋2　每個理性推理都必須提供必然性。因此，歸納和類比都不是理性推理，而僅是邏輯的推測或也是經驗性的推理；且透過歸納，也許獲得總括的命題，但並未獲得普泛的命題。

附釋3　爲了擴展我們的經驗知識，上述判斷力推理是有用的且不可或缺的。但是，既然它們只提供經驗性的確定性，所以我們必須謹慎地使用它們。

七十五、簡單的理性推理和複合的理性推理

如果一個理性推理只由一個理性推理構成，就叫做簡單的，若由多個理性推理構成，就叫做複合的。

七十六、多重理性推理

在一個複合推理中，多個理性推理不是透過純然的同位、而是透過隸屬，亦即作為根據和結果彼此結合，如此說來，該推理就被稱為理性推理的鏈條（ratiocinatio polysyllogistica〔多重理性推理〕）。

七十七、前進三段論和後退三段論

在複合推理的系列中，人們能以兩種方式推論，要麼從根據下推到結果，要麼從結果上推到根據。前者透過後退三段論來進行，後者透過前進三段論來進行。

也就是說，後退三段論在推理的系列中，是這樣一種推理：它的前提就是一個前進三段論的結論，而前進三段論則以後退三段論的前提為結論。

七十八、複合三段論或連鎖推理

由多個簡化的、爲一個結論而彼此結合的推理組成的推理，叫複合三段論或連鎖推理，它要麼是前進的，要麼是後退的；依人們從較近的根據上升至較遠的根據，或從較遠的根據下降至較近的根據而定。

七十九、定言的複合三段論和假言的複合三段論

無論是前進的或後退的連鎖推理，要麼是定言的，要麼是假言的。前者由作爲謂詞系列的定言命題組成，後者由作爲連貫性系列的假言命題組成。

八十、謬推——錯推——詭辯

儘管自身帶有一個正確推理的外觀，但形式上，卻爲虛假的理性推理，叫做謬推（fallacia）。如果這樣一種推理是人們藉以自欺者，叫做錯推，如果是人們試圖藉以欺人的，叫做詭辯。

※　※　※

附釋　古人們很熱衷於編造這類詭辯的藝術。因此出現了很多這類詭辯。例如：fugurae dictionis〔修辭格的〕詭辯：之中，其在不同的意義上使用的中項概念——fallacia a dicto secundum quid ad dictum simpliciter, sophisma heterozeteseos, elenchi, ignorationis〔從有根據的言說到簡單的言說的謬推、可能有不同答案的問題的詭辯、反詰、無視的反詰〕等，諸如此類之物。

八十一、推論中的跳躍

推論或證明中的跳躍（saltus）爲：一個前提與結論的結合使另一個前提被忽略。如果每個人都能輕而易舉地想到缺少的前提，這樣一種跳躍就是合法的（legitimus），但如果歸攝不清楚，這樣一種跳躍就是非法的（illegitimus）。在此，一個遠離的特徵不用中間特徵（nota intermedia）而與一個事物有所聯結。

八十二、預期原則——循環論證

人們把petitio principii〔預期原則〕理解爲：把一個命題當做直接確定的命題，並接受其爲證明根據，儘管該命題仍需要證明。當人們把自己想要證明的命題當做他自己證明的根據時，就犯了循環論證的錯誤。

附釋　循環論證的揭露經常很難，且恰恰是難在證明的地方，而這種錯誤通常也最頻繁。

※　※　※

八十三、多餘論證和欠缺論證

一個證明可能證明太多，但也可能證明太少。在後一種情況下，它只是應證明之物的部分，在前一種情況下，它則牽涉了虛假的東西。

附釋　一個證明太少的證明可能爲眞，因此不可擯棄。但如果它證明了太多，則它所

※　※　※

證明的就多於眞的，這就是虛假的。例如：反對自殺的證明「誰若不能給予自己生命，就不能奪取自己生命」這就證明了太多；因爲若從這個根據出發，我們也不能殺死動物，因此它是虛假的。

第二篇　一般方法論

八十四、風格和方法

一切知識及其整體都必須符合一個規則（無規則性同時就是無理性）。但是，這個規則要麼是風格的規則（自由的），要麼是方法的規則（強制）。

八十五、科學的形式——方法

作爲科學的知識必須按照一種方法來安排。因科學是一個作爲體系，而不僅是作爲集合的知識整體。因此，它要求一種系統的，因而是按照深思熟慮的規則來擬定的知識。

八十六、方法論——其對象和目的

就像邏輯學中的要素論以一種知識的完善性的要素和條件爲自己的內容，反之，作爲邏輯學另一部分的一般方法論，則探討一般科學的形式，或探討將知識的雜多聯結成一門科學的方式。

八十七、促成知識的邏輯完善性的手段

方法論應當講授我們如何達到知識其完善性的方式。如今，知識最根本的邏輯完善性之一就在於其按照知識的清晰性、縝密性和成爲一門科學的整體系統來安排。據此，方法論主要將說明這些促成知識的完善性的手段。

八十八、知識的清晰性的條件

知識的清晰性及其結合成一個系統的整體，取決於概念的清晰性，無論是就包含在概念內的東西而言，或考慮包含在概念下之物。

對概念內涵的清晰意識要靠對概念的闡明及定義來促成，反之，對概念外延的清晰意識要靠對概念的邏輯劃分來促成。因此，這裡首先討論：在概念的內涵方面促成概念的清晰性的手段。

透過對概念的定義、闡明和描述來促成知識的邏輯完善性

八十九、定義

定義是一個充分清晰且準確的概念（conceptus adaequatus in minimis terminis, complete determinatus）。

※ ※ ※

附釋 唯有定義可被視爲邏輯上完善的概念，因爲定義中，結合了概念的兩種最根本的完善性：清晰性及清晰性中的完備性及精確性（清晰性的量）。

九十、分析的定義和綜合的定義

一切定義要麼是分析的，要麼是綜合的。前者是一個被給予的概念的定義，後者是一個被製成的概念的定義。

九十一、先天的和後天的被給予概念和被製成概念

一個分析定義的被給予概念，要麼是先天地、要麼是後天地被給予；就像一個綜合定義的被製成概念，要麼是先天地、要麼是後天地被製成。

九十二、透過闡明或構思進行的綜合定義

綜合定義源自於被製成概念的綜合，這種綜合要麼透過（對顯象的）闡明的綜合，要麼透過構思的綜合。後者是隨意被製成概念的綜合，前者是經驗性地，亦即由被給予的顯象作爲其質料來製成的概念綜合（conceptus factitii vel a priori vel per synthesin empiricam）。隨意被製成的概念是數學概念。

附釋　因此，數學概念及——如果對經驗性概念來說，到處都能進行定義——經驗概念的所有定義都必須爲綜合地被製成。因即便對於後一類概念，例如：水、火、氣等經驗性概念，我也不應分析它們裡面所包含的東西，而應透過經驗，去認識屬於它們之物。因此，一切經驗性概念都必須被視爲被製成的概念，但它們的綜合卻不是隨意的，而是經驗性的。

※　※　※

九十三、經驗性地綜合其定義的不可能性

既然經驗性概念的綜合不是隨意的，而是經驗性的，且作爲這樣的綜合永遠不能是完備的（因爲人們在經驗中總能揭示更多概念的特徵），所以經驗性概念也不能被定義。

※　※　※

附釋　因此，唯有隨意的概念能綜合地定義。隨意概念的這樣一些定義，不僅總是可能的，且也是必然的，必須先行借助一個隨意概念說出的一切，人們也可以把它們稱爲申明，只要人們由此申明自己的思想，或對關於某句話的理解作出說明。在數學家那裡就是這種情況。

九十四、透過分析：先天地或後天地被給予概念進行的分析定義

所有被給予的概念，無論是先天或後天地被給予，都能僅透過分析來定義。因爲人們只要逐漸弄清被給予概念的特徵，就能使它們清晰。如果一個被給予的概念的所有特徵都弄清楚了，這個概念就成爲完備地清晰的，若它也不包含過多的特徵，它就同時是精確的，由此就產生出概念的定義。

附釋　既然人們不能透過實驗來確定：是否透過完備的分析窮盡了一個被給予概念的所有特徵，那麼一切分析的定義都可被視爲不可靠的。

※　※　※

九十五、闡明和描述

因此，並非所有概念都能被定義，但也並非所有概念都可以被定義。有向某些概念的定義接近；這部分地是闡明（expositiones），部分地是描述（descriptiones）。

闡明一個概念，在於相互連貫地（逐漸地）介紹其特徵，而這些特徵是透過分析所找到的。

就其並不精確而言，描述是闡明一個概念。

※　※　※

附釋1　我們所能闡明的，要麼是一個概念，要麼是經驗。前者透過分析進行，後者透過綜合進行。

附釋 2　因此，闡明只發生在被給予的概念上，由此而使這些概念變得清晰，它由此而與申明相區別，申明是被製成概念的一個清晰表象。

既然並非總是可能使分析完備，且總之，一種分析在完備之前，必然先是不完備的，所以就連一種不完備的闡明，作爲一個定義的部分，也是對一個概念的一種眞正且可用的展示。定義在此，始終只是我們必須嘗試達到之邏輯完善性的理念。

附釋 3　描述只發生在經驗性地被給予的概念上。它沒有明確的規則，而只包含定義的材料。

九十六、名義定義和實在定義

純然名稱上的解釋或名義定義，可被理解爲如下的定義：它們包含人們隨意地想給予某個名稱的意義，因而僅標出其對象的邏輯本質，或僅用於把該對象與其他客體區分開來。與反之，實際的解釋或實在定義則：足以按照客體的內在規定來認識它，因爲它們從內在特徵來闡述對象的可能性。

※　※　※

附釋 1　如果一個概念內在地足以區別事物，則它也是外在地確定的，但如果它內在地不充足，則它畢竟能在某種關係中，亦即在進行被定義者與其他東西的比較時，是外在地充足的。然而，不受限制的外在充分性不可能離開內在充分性。

附釋2　經驗對象只允許名義解釋。被給予的知性概念的名義定義取自一個屬性，反之，實在定義則取自事物的本質，取自可能性的第一根據。因此，實在定義包含任何時候都應歸於事物的東西——事物的實在本質。純然否定的定義也不能叫做實在定義，因爲否定的特徵也許能與肯定的特徵同樣好地用於區分一個事物與另一個事物，但卻不能用於按照事物的內在可能性來認識事物。

在道德事物中，必須永遠尋找實在定義，我們的一切努力都必須指向此處。在數學中有實在定義，因爲一個隨意概念的定義始終是實在的。

附釋3　如果一個定義給出借以具體闡釋先天對象的概念，則它就是發生學的；所有數學定義都屬於這類。

九十七、定義的主要要求

屬於一個一般定義的完善性其根本和普遍的要求，可從量、質、關係和樣式四個要素來考察：

1. 在量上，就定義的範圍而言，定義和被定義者必須是代換概念（conceptus

reciproci），因此定義既不能比被定義者更寬，也不能比它更窄。

2. 在質上，定義必須是一個周詳的且精確的概念。

3. 在關係上，定義必須不是同義反覆的，也就是說，被定義者的特徵必須作爲被定義者的知識根據而與被定義者有別。

4. 最後，在樣式上，特徵必須是必然的，因而並非一些透過經驗附加的特徵。

※　※　※

附釋　定義應當由屬概念和種差概念（genus und differentia specifica）來構成，這個條件只對比較中的名義定義有效，但對推導中的實在定義無效。

九十八、檢驗定義的規則

在檢驗定義時，應當完成以下四個行動。也就是說，要研究定義：

1. 作爲一個命題來看，是否真實。
2. 作爲一個概念，是否清晰。
3. 作爲一個清晰的概念，是否也周詳。
4. 最後，作爲一個周詳的概念，是否同時確定，亦即是否與事物本身相符。

九十九、下定義的規則

在下定義時，也要完成的恰恰就是檢驗定義所需的四個行動。因此，爲了這個目的：

1. 要尋找眞的命題。
2. 要尋找其謂詞並未已經以事物的概念爲前提條件的命題。
3. 蒐集命題的更多謂詞，並將其與事物本身的概念相比較，看它們是否相符。
4. 最後，看一看是否沒有一個特徵在另一個特徵中或隸屬於另一個特徵。

※　※　※

附釋1　無須提醒也不言而喻，這些規則僅適用於分析的定義。既然人們在此不能確定分析是否完備，也就只可以把定義當做嘗試來提出，並僅這樣使用它，就好像它不是定義似的。在此限制之下，人們畢竟可以把它當做一個清晰、眞實的概念來使用，並從它的特徵中得出繹理。也就是說，我將能說：被定義者的概念應歸於什麼，定義也就應歸於什麼，但當然不能反過來說，因爲定義並不窮盡整個被定義者。

附釋2　在解釋時使用被定義者的概念，或在定義時，以被定義者爲根據，這叫做迴圈解釋（circulus in definiendo）。

透過概念的邏輯劃分來促成知識的完善性

一〇〇、邏輯劃分的概念

每個概念都在自身之下包含著一種雜多，這是就雜多相一致而言，也是就雜多不相同而言。如果包含在一個概念下的一切可能之物彼此對立，亦即彼此不同，則對這些東西來說，對該概念的規定就叫做對該概念的邏輯劃分。較高的概念叫被劃分的概念（divisum），較低的概念叫劃分支（membra dividentia）。

※　※　※

附釋1　因此，分解一個概念與劃分一個概念大不相同。分解概念時，我看到的是它裡面包含的東西（透過分析）；劃分概念時，我觀察的是包含在它之下的東西。在此，我劃分的是概念的範圍，而非概念本身。因此，說劃分就是對概念的分解，就大錯特錯了，毋寧說，劃分支在自身中包含的，多於被劃分的概念。

附釋2　我們從較低的概念上升到較高的概念，然後又能從較高的概念下降到較低的概念，這都是透過劃分。

一〇一、邏輯劃分的普遍規則

在一個概念的任何劃分中，都應關注：

1. 各劃分支互相排斥或互相對立。
2. 此外，它們同屬一個較高的概念（conceptum communem）。
3. 最後，所有劃分支合起來構成被劃分概念的範圍，或與它相等。

附釋　各劃分支必須透過矛盾對立，而非透過純然的對立來分開。

※　※　※

一〇二、同位劃分和次劃分

在不同方面對一個概念進行的不同劃分，叫同位劃分，對劃分支進行的劃分，則稱爲次劃分（subdivisio）。

※　※　※

附釋1　次劃分可以無限進行下去，但相對來說它卻是有限的。同位劃分特別是在經驗概念那裡也無限進行；因爲誰能窮盡概念的一切關係呢？

附釋2　人們也可以把同位劃分稱爲：按照同一對象的諸概念的差異來進行的劃分，就像把次劃分稱爲對諸觀點本身的劃分一樣。

一〇三、二分法和多分法

分爲兩個支的劃分叫二分法；但若多於兩個支，則稱爲多分法。

※　※　※

附釋1　所有多分法都是經驗性的，二分法是唯一出自先天原則的劃分，因而是唯一原始的劃分。因爲劃分支應是彼此對立的，任何A的對立面都無非是−A。

附釋2　多分法在邏輯學中不能教授，因爲這需要對象的知識。但二分法只需要矛盾律，無須在內容上認識人們想劃分的概念。多分法需要直觀；要麼是先天直觀，如同在數學中（例如：劃分圓錐曲線）那樣，要麼是經驗性直觀，如同在自然描述中那樣。不過，出自先天綜合原則的劃分有三分法，亦即：1.作爲條件的概念。2.有條件者。3.後者自前者推導出來。

一〇四、對方法的不同劃分

特別就討論和處理科學知識時的方法本身來說，它有不同的主要種類，我們在此可以按照如下劃分予以說明。

（一）科學的方法和通俗的方法

科學的或學院派的方法與通俗的方法的區別在於，前者從根據命題和基礎命題出發，反之，後者從司空見慣的和有趣的東西出發。前者牽涉縝密，因而遠離一切異樣之物，後者則以消遣爲目的。

※　※　※

附釋　因此，這兩種方法是按照種類，而非按照純然的講授區別開來，因此，方法中的通俗性是某種不同於講授中的通俗性之物。

（二）系統的方法和殘缺的方法

系統的方法與殘缺的或散漫的方法相對立。如果人們按照一種方法思維，然後也在講授中表述這種方法，並清晰地說明從一個命題到另一個命題的過渡，這就是系統地處理了一種知識。反之，如果人們固然按照一種方法思維，但並不有條理地安排講授，則這樣一種方法就可被稱爲散漫的。

※ ※ ※

附釋 系統的講授與殘缺的講授相對立，就像有條理的講授與嘈雜的講授相對立。也就是說，有條理地思維的人，可能系統地或殘缺地講授。外表殘缺，但就自身而言卻有條理的講授，是警句式的。

（三）分析的方法或綜合的方法

分析的方法與綜合的方法相對立。前者起於有條件之物和有根據之物，前進到原則（a principiatis ad prilcipia）；反之，後者從原則到結果，或從簡單的東西到複合的東西。人們可以把前者稱爲回溯的方法，後者則稱爲前進的方法。

※ ※ ※

附釋 分析的方法通常也叫發明的方法。對通俗性的目的來說，分析的方法更合適，但對科學地和系統地處理知識來說，綜合的方法則更爲合適。

（四）三段論的方法——列表的方法

三段論的方法，是在一連串推理中講授一門科學所遵循的方法。把一個已經就緒的學術大廈展示於其整體聯繫中所遵循的方法就叫做列表的方法。

（五）傳授的方法和詰問的方法

如果某人僅教授，就是傳授的方法，如果他也發問，就是詰問的方法。後一種方法又可劃分爲對話的或蘇格拉底式的方法和問答教授的方法，依問題是對知性提出的，或僅對記憶提出的而定。

※　　※　　※

附釋　人們只能透過蘇格拉底式的對話來以詰問的方式進行教授。在這種對話中，兩個人都必須發問並互相回答，以至於彷彿學生自己也是老師似地。也就是說，蘇格拉底式對話就是透過詰問，透過老師使學生認識到學生自己的理性原則，增強學生對此的注意力來進行教授。但人們不能透過普通的問答教授法來進行教授，而只能以傳授的方式盤問教授過的東西。因此，問答教授的方法也只適用於經驗性的知識和歷史的知識，反之，對話的方法適用於理性的知識。

一〇五、沉思

可將沉思理解爲反覆思考或一種有條理的思維。沉思必須伴隨著一切閱讀與學習。對此，人們先作出一些暫時性的研究，然後再使自己的思想井然有序，或按照一種方法把自己的思想結合起來，這是有必要的。

中德人名對照表

巴爾迪利 Bardili
牛頓 Newton
卡爾涅阿德 Karneades
布羅德里克 Brodrick
皮浪 Pyrrho
伊比鳩魯 Epikur
伏打 Volta
休謨 Hume
西塞羅 Cicero
克呂西波 Chrysippus
克塞諾芬尼 Xenophanes
克雷安特 Kleanth
沃爾夫 Wolff
亞里斯多德 Aristoteles
林克 Rink
芝諾 Zeno
阿爾凱西勞 Arkesilaus

封德耐爾 Fontenelle
柏拉圖 Plato
洛克 Locke
耶舍 Jäsche
恩披里柯 Empiricus
泰勒士 Thales
馬勒布朗士 Malebranche
培根 Baco
畢達哥拉斯 Pythagoras
笛卡爾 Descartes
第谷 Tycho
莎夫茨伯利 Shaftesbury
斯彪西波 Speusippus
普林尼 Plinius
菲萊吉德 Pherekydes
萊布尼茨 Leibniz
賀拉斯 Horatius

雅各 Jacob
塞涅卡 Seneca
愛比克泰德 Epiktet
瑣羅亞斯德 Zoroaster
維吉爾 Virgil
霍姆 Home
鮑姆嘉登 Baumgarten
邁耶爾 Meier
羅伊施 Reusch
蘇格拉底 Sokrates
蘭貝特 Lambert

康德年表

年代	生平記事
一七二四	四月二十二日出生於德國。
一七三二	進入腓特烈學院，接受拉丁文教育。
一七三七	母親（一六九七年生）去世。
一七四六	父親（一六八二年生）去世。
一七四○	進入柯尼斯堡大學。
一七四六	完成第一篇作品《論對活力的正確評價》。
一七五五	出版其第一部重要著作《自然通史和天體理論》。同年取得大學講師資格。
一七六二	發表《三段論法四格的詭辯》。
一七八一	出版《純粹理性批判》。
一七八三	出版《任何一種能夠作為科學出現的未來形上學導論》（未來形上學導論）。
一七八四	出版《關於一種世界公民觀點的普遍歷史的理念》、《回答這個問題：什麼是啓蒙？》。
一七八五	第一本倫理學著作《道德形上學基礎》出版。
一七八六	出版《自然形上學基礎》、《人類歷史開端的推測》。
一七八七	《純粹理性批判》再版。

一七八八	出版《實踐理性批判》。
一七九〇	出版《判斷力批判》。
一七九三	出版《純然理性界限內的宗教》、《論俗語：這在理論上可能是正確的，但不適用於實踐？》。
一七九五	出版《論永久和平》、《道德形上學》。
一七九八	出版《學科之爭》、《實用人類學》。
一八〇〇	由學生聽講筆記，整理而成的康德著作《邏輯學講義》出版。
一八〇三	由學生根據康德在科尼斯堡大學講授「教育學」的教學手稿，整理而成《康德論教育》。
一八〇四	二月十二日，康德去世。

索引

五畫

六畫

七畫

八畫

九畫

十二畫

十三畫

十四畫

十五畫

經典名著文庫040

邏輯學講義

作　　者 —— 康德（Immanuel Kant）
譯 注 者 —— 李秋零
發 行 人 —— 楊榮川
總 經 理 —— 楊士清
總 編 輯 —— 楊秀麗
文庫策劃 —— 楊榮川
主　　編 —— 黃文瓊
責任編輯 —— 施靜沂　李敏華
封面設計 —— 姚孝慈
著者繪像 —— 莊河源
出 版 者 —— 五南圖書出版股份有限公司
地　　址：臺北市大安區 106 和平東路二段 339 號 4 樓
電　　話：02-27055066（代表號）
傳　　眞：02-27066100
劃撥帳號：01068953
戶　　名：五南圖書出版股份有限公司
網　　址：https://www.wunan.com.tw
電子郵件：wunan@wunan.com.tw
法律顧問 —— 林勝安律師事務所　林勝安律師
出版日期 —— 2020 年 4 月初版一刷
2021 年 8 月初版二刷
定　　價 —— 350 元

國家圖書館出版品預行編目資料

邏輯學講義 / 康德（Immanuel Kant）著；李秋零譯注．-- 初版 -- 臺北市：五南，2020.04
面；公分．--（經典名著文庫；40）

ISBN 978-957-763-898-4（平裝）

1. 邏輯

150　　109002003